该书以**孔子思想**为主导，融通**儒家思想**作为理论根据，
广集古今教育成败典型实例，总结其中经验教训，作为实践的借鉴。

《论语》与后N代

倪世和⊙著

江西人民出版社

图书在版编目(CIP)数据

《论语》与后N代/倪世和著. —南昌:江西人民出版社,2012.7

ISBN 978-7-210-05518-1

Ⅰ.①论… Ⅱ.①倪… Ⅲ.①儒家 ②《论语》—青年读物

Ⅳ.①B222.2-49

中国版本图书馆CIP数据核字(2012)第146300号

《论语》与后N代

倪世和 著

江西人民出版社出版发行

南昌才艺印刷有限公司 新华书店经销

2012年7月第1版 2012年7月第1次印刷

开本:787毫米×1092毫米 1/16 印张:13.5

字数:160千字 印数:1-3000册

ISBN 978-7-210-05518-1 定价:22.00元

赣版权登字—01—2012—315

江西人民出版社 地址:江西省南昌市三经路47号附1号

邮政编码:330006 传真:0791-86898827 电话:0791-86898893(发行部)

网址:www.jxpph.com

E-mail:jxpph@tom.com web@jxpph.com

信守勤
义正勇
仁厚毅
智德忠

缘 起

我于2001年10月某日从新疆乌鲁木齐机场飞南京，途经停甘肃兰州中川机场。在转机休息时，发现该机场书店有《论语》出售，我毫不犹豫地购买了一本程昌明先生译注的、由山西古籍出版社出版发行的《论语》。自此以后，我不时习读《论语》，领悟孔子先贤之教诲。

我出生于20世纪30年代末，时值中华民族遭受到日本帝国主义者的疯狂侵略，中国人民在国共两党的领导下，动员全民族奋力抗战，尤其是中国共产党人组织领导八路军、新四军和老百姓同日本侵略者进行了艰苦卓绝的抵抗。经过14年（自1931年9·18）的抗日战争，在当时苏联红军的大力支援下，终于战胜了日本侵略者，取得了抗日战争的伟大胜利。

抗日战争胜利以后，中国共产党又领导人民经过三年的国内战争，打垮了美帝国主义武装起来的蒋介石反动政权，取得了新民主主义革命的伟大胜利，迎来了1949年10月1日中华人民共和国的诞生，广大劳苦民众翻身得解放！

作为出生于旧社会遭受过磨难的一代老人们，总希望中国的后代们能够继承祖国优秀的文化传统，尤其是儒、道、释国学之精华，不忘中国历史，不忘旧中国的苦难，不忘林则徐、孙中山、毛泽东等近代革命志士仁人们为中华民族的解放，奔走呼号，探求真理；更不能忘记老一辈中国共产党人为解放劳苦大众而流血牺牲的先烈们！

2011年秋季，中国共产党召开了十七届六中全会，专题研究并作出了加强社会主义文化建设的重大决定，这是在国际国内新形势下，中国共产党所作出的具有深远意义的战略部署。一个国家光注重发展经济建设，是远远不够的，也是非常之危险的。国人若没有优秀文化力量的支撑，就等于没有灵魂，好似盲人骑瞎马，夜半临深池，必然导致迷失前进之方向。尤其是对后N代国人之教育传导，只讲物质财富，不讲文化精神，不注重人生观、价值观的正确引导和灌输，长此下去势必堕入歧途，甚至于导致国家政权改变性质焉。

为此，我于2010年、2011年在我的导师——北京大学哲学系教授、博士生导师魏常海先生的指导下，先后完成了《论语与商道》《论语与制胜力》两本小书并由江西人民出版社出版发行。我虽年逾古稀，趁目前体力精力尚支，经过思考，并征得魏常海教授的认可，决定选用《论语与后N代》为课题，继续写第三本小书。其目的是用伟大的孔子《论语》的优秀思想文化，教育我国的后N代们，期望后N代们遵从伟大先哲之教诲，不忘伟大的祖国，不忘勤劳的先辈们，不忘养育自己的父母和血缘昆弟，正心修身，齐家治国。坦荡做人，立己立人，为报效祖国奉献聪敏才智！

作者　倪世和　2012.4

于北京鑫源国际成寿斋寓所

引言

我这本小书分绪论和正文两大部分。

1.绪论部分重点是论述研究背景,并简要说明研究方法。研究背景一节以毛泽东主席于1957年11月在苏联莫斯科接见中国留学生时的讲话为重点,强调“青年人好像早上八、九点钟的太阳,希望寄托在你们身上。……”从开国领袖毛泽东主席到中国改革开放的总设计师——邓小平先生、江泽民同志、胡锦涛总书记等中共几代领袖们,都对青年寄予厚望。青年兴则国家兴,青年强则国家强!

列宁开创的世界上第一个社会主义国家苏联,由于斯大林没有选好接班人,在苏共22大会议上,赫鲁晓夫全盘否定斯大林的功绩,导致苏联共产党变质,国家解体。这给中国共产党的领袖们敲起了警钟。

所以,加强对青年后代们的教育,是关乎中华民族千秋万代立人立国之伟大的教育工程!

我国当代青年大都出生在上世纪八九十年代,有些已大学毕业步入社会,成家立业;有些正在读书,他们已成为或将成为21世纪我国建设的接班人。这些后N代们的生活条件比他们的父辈们要优越得多,他们大多不懂社会,不懂人生,不懂何谓艰苦。正如古语所云:“国清才子贵,家富小儿娇。”为此,我拟定了20个题目对40多位大学毕业生或正在读大学的青年进行了一次问卷调查。依据调查情况,我选用孔子《论语》儒家之经典,对后N代们的思想进行了初步的探讨,写出《〈论语〉与后N代》这本小册子。

2.正文分为11章。主要内容有以下几个重点

第一,识祖国。祖国是父母之邦,地域辽阔,历史悠久,几千年的灿烂文

明。通过列举伟大祖国的优秀文化传统，培养后N代们的爱国主义思想，做一个堂堂正正的中国人！

第二，爱祖国。祖国自1840年起在近100年的时间里，备受帝国主义侵略压迫，爱国的中国人民进行了不屈不挠的英勇抗争。伟大的民主革命先行者——孙中山先生领导了辛亥革命，结束了2000多年的封建帝制。孙中山先生积极倡导三民主义，是中国共产党人用行动实践了中山先生的三民主义。毛泽东等一大批先进的知识分子领导中国人民经过20多年英勇奋斗，流血牺牲，终于推翻了压在中国人民头上的三座大山，于1949年10月1日成立了中华人民共和国。

第三，爱祖国优秀传统文化。从第3章到第6章论述孔子《论语》的优秀思想，用孔子的教诲，教育后N代们立弘志，效先贤，磨炼自己，专注求知。同时，树立孝亲仁爱之思想，立己立人，爱众亲仁。

第四，第7、8、9、11等章论述后N代们要效法古之先贤子贡等人"善猜度，亿屡中"，府库充盈，并且博施于民泛济众。谨记孔子"子绝四"之教诲，不断创新，努力创业，走实业兴邦之正道。同时，不断学习现代企业管理之方法，提高领导力、智慧制胜，竞争制胜，实现伟大的"赢"！

第五，第10章论述后N代们如何交友。突出强调如何建立爱的家庭。同时要做到"周而不比"，树立正确的人际关系。

勤勇毅忠 守正厚德 信义仁智

目录

1 绪论

一、研究背景

1.1 领袖期盼

中华人民共和国的开国领袖——毛泽东先生曾经说过："世界是你们的，也是我们的，但归根结底是你们的。你们青年人朝气蓬勃，正在兴旺时期，好像早上八、九点钟的太阳。希望寄托在你们身上。"（1957 年 11 月 17 日在莫斯科会见我国留学生和实习生时的谈话《毛主席语录》第 249 页 人民出版社 1968 年 10 月。）

毛泽东先生这一精辟论述，指出了世界未来属于年轻人，建设世界未来要靠年轻人，这是历史发展的必然规律。领袖的话语激励着 20 世纪五六十年代中国广大青年，为新中国的建设勤奋学习，锻炼成长。

邓小平先生说："青年一代的成长，正是我们事业必定要兴旺发达的希望所在。"

江泽民先生强调："青年兴则国家兴，青年强则国家强。"

今年 5 月 4 日，首都北京举行了纪念中国共产主义青年团成立 90 周年大会。中共中央总书记、国家主席、中央军委主席胡锦涛同志在纪念大会上发表了重要讲话。胡总书记的讲话，是新时期党和国家对年青一代的殷切希望。

胡锦涛总书记指出：实践充分证明，广大青年确实是我国社会最积极、最活跃、最有生气的一支力量，确实是值得信赖、堪当重任、大有希望的。

胡锦涛总书记要求我国广大青年要努力做到"五个必须"：

1）必须始终坚持中国共产党的领导。

2）必须始终弘扬爱国主义精神。

3)必须始终走在时代前列。

4)必须始终投身人民伟大实践。

5)必须始终尊重青年的主体地位。

胡锦涛总书记对青年朋友提出五点殷切希望：

第一,希望广大青年坚持远大理想。“理想是指引人生的灯塔。”

第二,希望广大青年坚持刻苦学习。“青年是学习的黄金时期,学习是青年的首要任务。”

第三,希望广大青年坚持艰苦奋斗。“没有艰苦奋斗的民族难以自立自强,没有艰苦奋斗精神的国家难以发展进步,没有艰苦奋斗的青年难以担当重任。”

第四,希望广大青年坚持开拓创新。

第五,希望广大青年坚持高尚品行。(节选自《人民日报》2012 年 5 月 4 日。)

1.2　**苏共亡党之教训**

中国共产党领袖毛泽东先生在苏联莫斯科的讲话,仅时隔 34 年即 1991 年,列宁缔造的由苏联共产党领导的世界上第一个社会主义国家,就亡党、苏维埃联邦解体、苏联红军变质,教训是极为深刻的。国际国内诸多理论家有过诸多论述，西方资本主义世界的寡头们欣喜若狂，认为马克思主义社会主义革命的理论"过时了"，世界共产党人面临巨大的挑战和压力。

2011年3月1日，中国社会科学院世界社会主义研究中心、社会科学文化出版社在北京联合举办专著"《居安思危——苏共亡党二十年的思考》发布会"。有200多位专家学者参加会议，与会的学者们一致认为：苏联垮台、联邦解体的根本原因，是苏共作为苏联国家执政党的蜕化变质，而苏共蜕化变质的根本原因是苏共党的政治路线、思想路线、组织路线都发生了重大问题，严重偏离背叛了马克思主义基本原理。

正如中共中央原组织部长张全景先生所指出的："苏联亡党亡国的第一个重要原因：否定党的领袖，否定党的历史。"斯大林没有选好接班人，让赫鲁晓夫、勃烈日列夫、戈尔巴乔夫、叶利钦等奸佞之徒相继篡取苏共的领导大权，他们从否定斯大林开始，继而否定十月革命，否定社会主义制度，否定苏共的光荣历史，改变了党的颜色。

苏共亡党的惨痛历史教训是深刻的，其中教育好革命后代，培养革命事业接班人，应是重中之重之头等大事矣。

苏联解体之后，西方资本主义世界的政客们便把矛头直指中国共产党。一些人把希望寄托在中国的后代们身上。加拿大一名教师在北京的一次课堂上，竟公开宣扬"世界共产主义只有七、八年的时间了……"在中国的知识界，亦有少数人怀疑共产党，甚至于诋毁领袖，散布荒谬言论。去年5月份，美国有份"大华府报"，公然鼓吹"要把毛泽东遗体送回韶山冲……"这与苏联的赫鲁晓夫在苏共二十二大后，把斯大林遗体迁出列宁墓火化之行径，何其相似也。

1.3 中国未来社会发展要靠后N代青年们之奋斗

毛泽东先生1957年在苏联对中国留学生和实习生们的演讲，言简意赅，论述精辟，代表了中国先辈们对后N代们的热切期盼！

当代中国青年被人们称为"80"后、"90"后，有些已大学毕业步入社会，有些正在中学或大学读书。引导这些后N代年轻人树立正确的人生价值观、世界观,是关乎中国前途命运的大事情。

2011年8月份,我拟定了一份"中国后N代问卷调查",提纲共计20个题目,分别在三个不同地区不同职业的青年人群中调查了解。其中在加拿大的中国留学生10人,中国合肥工业大学研究生院13人,明光浩淼公司已毕业的在职青年大学生20人,计43名青年。

问卷答案整理如下:(人/次)

1)对中国历史了解

非常重要25　　重要17　　不重要1

2)对中国孔子儒家文化

非常认同6　　认同29　　不太认同8　　抵制1

3)对佛教文化

非常认同4　　一般认同33　　不认同5　　抵制0

4)对中国现代社会制度

非常拥护4　　拥护24　　不太拥护11　　反对4

5)对中国前途

充满信心9　　有信心24　　信心不足8　　无信心2

6)对个人未来

有远大理想28　　目标不明确16　　无理想0　　混日子0

7)对物质生活

追求享受14　　追求富裕20　　安于清贫0　　过得去9

8)对物质利益

利己26　　利他11　　奉献18　　大公无私4

9)对道德认识

非常重要30　　重要13　　不太重要0

10)对才能认识

德重于才18　　才重于德2　　德才兼备33

11)对读书

非常有用 18　　有用 23　　不太有用 3　　无用 0

12）对父母

非常孝敬 23　　孝敬 19　　不够孝敬 0　　不需孝敬 0

13）对亲朋好友

非常关心 8　　关心 31　　不够关心 3　　不需关心 1

14）对弱势群体

非常同情 13　　同情 28　　不够同情 0　　不需同情 0

15）对个人婚姻

早择偶 5　　晚择偶 17　　不急择偶 20　　不择偶 1

16）对个人工作选择

当官 6　　科学研究 14　　创办企业 27　　入伍当兵 3

17）对青年人成才

要能吃苦 41　　不需吃苦 2　　靠天赋 10　　靠小聪明 2

18）对人性理解

是生理特性 7　　是阶级性 10　　是德性 21　　是善性 28　　是恶性 3

19）对幸福理解

个人享福 4　　家庭美满 39　　多数人愉快 14　　国家强盛 14

20）对创新理解

是革命 14　　是否定 16　　是继承 13　　是发展 36

问卷题均由受问者自己自由作答，不留姓名，这样能够得到较为真实的答案。经综合整理后，43 名青年学子对上述 20 个问题应答如下表：

浩淼公司大学生员工（中国）后 N 代问卷调查统计表（共计 20 人）

题号	1				2				3				4				5			
选项	A	B	C	D	A	B	C	D	A	B	C	D	A	B	C	D	A	B	C	D
合计	12	8			5	13	3		3	16			3	11	4	2	5	12	2	1

题号	6				7				8				9				10				
选项	A	B	C	D	A	B	C	D	A	B	C	D	A	B	C	D	A	B	C	D	E
合计	11	9			5	13		5	13	7	11		15	5			10		14	8	

题号	11				12				13				14				15			
选项	A	B	C	D	A	B	C	D	A	B	C	D	A	B	C	D	A	B	C	D
合计	13	8			8	11	2		2	16	1	1	3	15		2	2	11	8	

题号	16				17				18						19				20			
选项	A	B	C	D	A	B	C	D	A	B	C	D	E	F	A	B	C	D	A	B	C	D
合计	2	6	10	3	19		6		2	5	10	14	1	1	2	19	4	10	6	14	7	15

合工大在读研究生(中国)后N代问卷调查统计表(共计13人)

题号	1				2				3				4				5			
选项	A	B	C	D	A	B	C	D	A	B	C	D	A	B	C	D	A	B	C	D
合计	8	4				8	4	1		11	2			7	5	1	2	8	2	1

题号	6				7				8				9				10				
选项	A	B	C	D	A	B	C	D	A	B	C	D	A	B	C	D	A	B	C	D	E
合计	9	5			6	7		1	8	1	3	2	8	5			3		11		

题号	11				12				13				14				15			
选项	A	B	C	D	A	B	C	D	A	B	C	D	A	B	C	D	A	B	C	D
合计	3	8	2		9	4			2	10	1		4	9			3	4	6	

题号	16				17				18						19				20			
选项	A	B	C	D	A	B	C	D	A	B	C	D	E	F	A	B	C	D	A	B	C	D
合计	2	4	9		13		2		2	3	6	8	1	4	2	11	8	4	4	1	3	12

加拿大留学生(中国)后N代问卷调查统计表(共计10人)

题号	1				2				3				4				5			
选项	A	B	C	D	A	B	C	D	A	B	C	D	A	B	C	D	A	B	C	D
合计	5	5			1	8	1		1	6	3		1	6	2	1	2	4	4	

题号	6				7				8				9				10				
选项	A	B	C	D	A	B	C	D	A	B	C	D	A	B	C	D	A	B	C	D	E
合计	8	2			3			3	5	3	4	1	7	3			5	2	8		

题号	11				12				13				14				15			
选项	A	B	C	D	A	B	C	D	A	B	C	D	A	B	C	D	A	B	C	D
合计	2	7	1		6	4			4	5	1		6	4				2	6	1

题号	16				17				18						19				20			
选项	A	B	C	D	A	B	C	D	A	B	C	D	E	F	A	B	C	D	A	B	C	D
合计	2	4	8		9	2	2	2	3	2	5	6	1			9	2	3	4	1	3	9

从问卷答题可以看出,80、90后年青一代,其中对中国现代社会制度多数人认同并表示拥护,亦有少数人表示不认同,更有几位反对者。对中国前途多数人充满信心,亦有少数表示无信心。对其余18个问卷题认知

度均不相同，留待后文论述。这足以说明用中国优秀传统文化，加强对后N代们的价值观、人生观的教育，是何等之重要啊！

1.4 加强后N代教育关乎成才兴国之大事业

中国共产党人继承伟大的民主革命先行者孙中山先生之弘志，经过无数革命志士们的流血牺牲，在取得了民主革命的胜利之后，选择了社会主义道路不动摇，实现富民强国目标不动摇，捍卫国家主权不动摇。中国共产党人研究苏联政权瓦解的经验教训，认真总结夺取政权、巩固政权的极端重要性。所以，加强对中国未来事业接班人群体的培养教育，是一项关乎中华民族子孙后代立人立国的伟大的教育工程！

伟大的孔子早在2500多年前针对当时鲁国社会权臣们之流弊，严厉而又尖锐地指出："德之不修，学之不讲，闻义不能徙，不善不能改，是吾忧也。"（程昌明译注《论语·述而》第65页　山西古籍出版社2001年6月。）徙：xǐ 迁移。当今社会，物欲横流，党政部门一些贪官们不修、不学、不讲、不善、不改，道德缺失，钱权交易，政府物资采购招标，不少徒有虚名、有暗箱操作交易谋利之行为。一些商家为谋取私利，弄虚作假，经商诚信缺失。这与2500多年前之社会腐败现象，何其相似乃尔。尽管执政的中国共产党纪律严明，严厉惩办违纪者，可是这些贪婪之徒似野草，割掉一茬处理一批又会滋生新的腐败分子。分析这些贪腐者大都在中年即不惑之年，他们对后代们影响极其恶劣，极为严重。

所以，用孔子《论语》和儒家之优秀传统文化，加强对后N代们的宣传教育，积极引导后N代们树立正确的人生财富观、社会道德观、国家民族观，确立中国人的核心价值观和世界观，是一项伟大的教育工程，关乎中华民族子孙后代成才兴国之大事业。

二、研究方法

2.1 读书是治学之要

胡锦涛主席在2011年世界读书日大会上讲话时指出："读书是一种责任，藏书是一种乐趣……"做学问需先读书，读书不仅可以明智，更重要的是通过读书积累知识，增加知识资本。在某种意义上讲，先进的科学知识是财富的源泉，凡做学问者都必须把读书求知放在十分重要的位置。

我虽年逾古稀，但近年来一直坚持读书学习，每个月去北京大学聆听专家教授讲课2~3天。有时乘公交巴士90分钟才到北大，虽腰酸背痛，但一进教室就身心舒展，疲劳很快消失，因为能听得学者大家许多精彩的论述，增长一些新的知识。

读书既要博览，更要精读。譬如我自2001年10月在甘肃兰州中川机场书店购买了程昌明先生译注的、由山西人民出版社出版发行的《论语》，十多年来，我几乎读了近百遍。越读领悟越深，研究越宽，致使老朽与《论语》结下了不解之缘。

关于读书，我在后文将有所论述。

2.2 应用是研究之目的

读书的目的全在于应用。应用可能是为眼前的用、为今后的用、甚至于为将来的用，有些知识可能一辈子也用不上。但是只读书不应用，等于一个人每天消耗食物不消化排泄，简直不可思议也。

社会科学知识和自然科学知识的应用方法是有很大不同的，结果亦有区别。这里不作具体研究了。但是，社会人文科学的应用对象是鲜活的、有呼吸的人，目的是启迪人、教诲人、开导人，引导人们己欲立而立人，树立正确的人生观、世界观、价值观，从而达已达人，爱众亲仁。

2.3 调查研究是写作的重要环节

毛泽东先生曾经精辟论述道：一切结论产生于调查的末尾，而不是在它的先头。做学问写文章需要素材，素材不完全源于写作者的头脑里，主要来自于社会实际生活。我于2011年8月拟定了20个调查问卷，分别对“80”后，“90”后的43名青年学子作调查，从而获得第一手资料，并加以分类归纳，为我的论文写作提供了非常有价值的材料。

信守勤
文正勇
仁厚毅
智德忠

1 知祖国、爱母亲

1.1 辽阔的疆域

我国的年青一代大都出生在上世纪80年代、90年代，独生子女较多，从小到大生活无忧。他们对中国历史、国家前途知之甚少，尤其对新中国现代社会制度理解肤浅。我在问卷调查中，问及对中国前途是否充满信心？43人中，有9人回答“充满信心”；有24人回答“有信心”；有8人回答“信心不足”；有2人回答“无信心”。

所以，用孔子儒家优秀传统文化，加强对后N代们进行热爱祖国的宣传教育，是一项重大的教育工程焉！

《论语》：柳下惠为士师，三黜。人曰：“子未可去以乎？”曰：“直道而事人，焉往而不三黜？枉道而事人，何必去父母之邦？”黜（chù）：贬退，罢免。（程昌明译注《论语·微子》第200页。）

柳下，是封地名。惠，是谥号。姓展，名获，又名禽，是鲁国有名的贤大夫。士师，主管司法的官员，相当于司法部长。

柳下惠为人正直，他在担任鲁国司法长官期间，可能得罪了国君或权贵，宁可弃官也不改变自己的气节操守。虽多次遭到罢免，也不怨恨。有人劝他离开这个鬼地方吧，何必三番五次被罢黜呢？而柳下惠却说：只要我坚持正道为国家办事，就不怕被罢黜的，跑到哪里都有可能遭到罢免的。这里是我父母长期居住的地方，也是生我养我的地方，我又何必离开我的父母之邦呢？

孟子在《万章篇》里赞扬柳下惠：“柳下惠不羞污官，不辞小官。进不隐贤，必以其道。遗佚而不怨，阨（è）穷而不悯。与乡人处，由由然不忍去也。”“尔为尔。我为我，虽袒（tǎn）裼（tì）裸（luǒ）裎（chéng），尔焉能浼（měi）我哉？”“故闻柳下惠之风者，鄙夫宽，薄夫敦。”（杨伯峻注《孟子·万章章句下》第232、233页　中华书局2005年1月。）

孟子在这里称赞柳下惠为人耿直，即使与污官相处，也不会同流合污；当小官也不推辞。做事不隐瞒自己的才能，坚持正直之道。被罢免了也不怨恨，穷困之时也不忧愁。与乡邻处，由由然即高高兴兴，也不想离去。社会上昏君奸臣，你是你，我是我，即使同流，也不会合污。你即使袒露身体，也玷污不了我。社会上一些不好的人，只要听到柳下惠的正直品格，也会受到启发和教育的。

祖国是父母之邦。几千年的封建统治，遗留诸多病垢；加上外来腐朽思想意识之腐蚀，目前社会上仍存在一些不尽如人意之处。但毕竟新中国只有几十年的发展时间，不能因为祖国母亲庞大的身躯存在一些不适之处，跟着外国佬说三道四，甚至于否定母亲之优点，无视母亲之长处。

波兰伟大的音乐家肖邦，对祖国非常眷念。他每次出国演出，都要带一包祖国的泥土。

爱国科学家钱学森先生、邓稼先等人在美国有一份舒适的工作，优厚的待遇。可他们听到新中国刚刚诞生的消息，不顾美国政府的阻挠和种种压力，经过曲折的斗争，终于回到父母之邦，受到党中央和人民政府的高度赞扬。钱学森、邓稼先等许多侨居海外的赤子们的爱国情怀，是永远值得国人尤其是后N代们学习的！

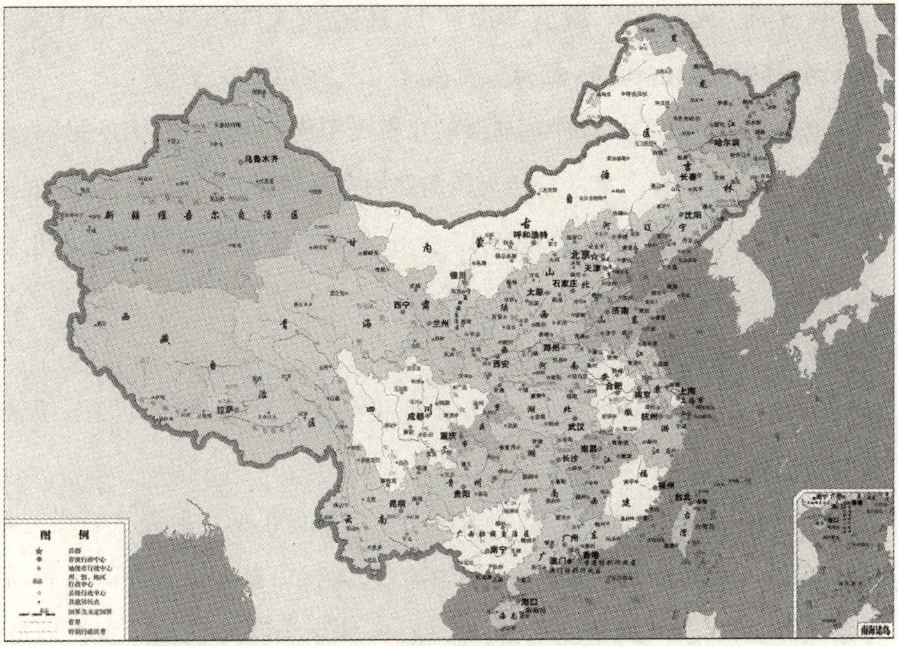

附　中国地理图

祖国是生育养育我们的可爱的母亲！子孙后代们必须知道祖国母亲的秀美的容貌，熟悉祖国的名山大川，热爱祖国优秀的传统文化和丰富的资源，时刻不忘我是一个中国人！

地理位置：伟大的祖国处于亚洲东部，最西到帕米尔高原（东经70度）——最东到乌苏里江（东经135度），东西时差4个钟头。最北到黑龙江省漠河县的漠河镇（北纬53度），最南到南中国海的南沙群岛的曾母暗沙（北纬4度）。

东临太平洋。陆地周边与朝鲜、蒙古、俄罗斯、哈萨克、吉尔吉斯、塔吉克、阿富汗、巴基斯坦、印度、尼泊尔、不丹、缅甸、老挝、越南14个国家接壤。海上与韩国、日本、菲律宾、马来西亚、新加坡等国家比邻。大陆海岸线长18000多公里，岛屿海岸线长14000多公里，陆地疆界长20000多公里。

国土面积960万平方公里，是世界上第二大地域国家。（第一　加拿大990万平方公里;第三　美国937万平方公里。)

世界第一人口大国,截至2010年11月,全国人口13.4亿。56个民族大家庭,其中汉族占92%,蒙、藏、回、维吾尔等少数民族占8%。

地势:后N代们可乘中国研制的宇宙飞船从太空俯视伟大的祖国,西高东低,分三级阶梯。第一阶梯为西南部的青藏高原,世人称之为"世界屋脊"。第二阶梯为青藏高原以北、以东,云贵、黄土、内蒙古高原和四川盆地、塔里木盆地、准噶尔盆地。第三阶梯为大兴安岭、太行山、巫山及云贵高原东缘一线以东。

山岳　山脉:最高山峰——珠穆朗玛峰海拔8844米,是世界上海拔最高的山峰。

太行山:据考古学者考证,中国历史上出现最早的山脉是太行山。早在公元前40世纪或晚些时候30世纪前后,太行山以东原是汪洋大海,后才形成海拔20余米的平坦地带,即现在的津京东西一些城市乡村区域。在长期的地理变迁过程中,太行山逐渐突起,主峰小五台山海拔2882米,太行山平均高度1500米。太行山以西称为黄土高原,海拔1000米以上。

秦岭:我国古都西安以西南,横亘着峻峭惊险的秦岭,它与渭河平行,主山脉东西700余里,主峰太白山高3767米。秦岭与东部的淮河一条线作为我国南北地理人文分界线。

祁连山:我国西部新疆的天山与中国地理中心的兰州之间,延绵1000多公里,平均海拔高度4000多米。早在公元前二世纪,河西走廊就归属中国当时的汉朝。

阴山:黄河东流至内蒙古河套地区,形成"几"形,横亘在北岸的山脉称为阴山。它延绵600余公里。古代阴山是游牧民族与汉民族的一道屏障。

五岭:从西到东延绵100多公里。西从广西全州县的越城岭,湖南省道县的都庞岭,江华县的萌诸岭,郴县的骑田岭,最东是江西省大余县的大庾岭。五岭是长江流域和珠江流域的分界碑。纪元前30世纪,秦王朝嬴政大帝派远征兵士在大庾岭上开凿一条通道，秦朝的势力才开始达到珠江流域及越南北部地区。

中国不仅有五岭，还有五岳。（山岳系指山脉中特殊的峰峦。）

中岳嵩山：位于河南省登封市。山高1440米。闻名遐迩的少林寺就在此群山环抱之中。相传纪元6世纪，印度王子出身的高僧达摩曾经在此面对一块巨石，静坐九年之久。

河南嵩山少林寺

东岳泰山：位于山东省泰安市。山高1524米，周围是一望无际的大平原。中国古代历代皇帝几乎都到泰山封禅祭拜，以显示皇权至高无上，给百姓带来不堪负担的灾难。

东岳泰山玉皇顶

南天门

西岳华山:位于陕西省华阴市,山高 1997 米。群峰林立,险峻令人望而却步。相传纪元 9 世纪,唐朝文儒韩愈曾爬上华山之巅,当他回头往下看时,鸟道悬空,令其头昏目眩,瘫坐于地,不禁大哭,心想必死于此也。后经地方官员派人把他灌醉,用绳子吊下来,方免于一死。

北岳恒山:位于山西省浑源县,山高 2017 米,距离浑源县城 20 公里。山中庙宇罗布,传说八仙之一的道教之张果老曾经在此隐身修炼。

南岳衡山:位于湖南省衡阳市。山高虽只有 1290 米,是五岳中最低的山岳。但山势延绵,盘根错节,气势雄伟,祝融峰下的上封寺是道教圣地之一。

除五岭、五岳之外,伟大的祖国还有闻名世界的安徽的黄山、浙江的天台山、山西的五台山、四川的峨眉山、江西的龙虎山和庐山、湖北的武当山。这些名山大川向全世界开放,吸引国内外众多游客。中国丰富的自然旅游资源是伟大母亲的光荣,是子孙后代们的骄傲和自豪!

黄山云海

峨眉山金顶金佛

龙虎山

祖国不仅有众多的名山峻岭,还分布着许多河流湖泊,与气势恢宏的崇山峻岭构成伟大中国的辽阔的版图。

河流:

黑龙江 全长 4350 公里,在我国境内有 3420 公里。流域面积 162 万平方公里,它是我国北部最重要的水运航道,连接中俄边境贸易。它的支流松花江,全长 1927 公里。

哈尔滨太阳岛

黄河 全长5464公里，发源于青海省巴颜喀拉山。流经甘肃、宁夏、内蒙，形成“几”字形状，流域面积达75万平方公里，向东经山东省的东营市注入东海。

历史上的黄河多灾多难，历朝统治者无视百姓生命财产，不整治黄河泥沙，每当涨水，黄河两岸民众拖儿带女四处逃命。1949年新中国诞生后，党和政府大力治理黄河。先后在黄河上新建了刘家峡、小浪底水电站，不仅发电，还沉淀泥沙，使黄河流域广大民众免除水患之灾。

郑州黄河大桥

长江 中国第一条大河流，全长6300公里，发源于昆仑山南麓，与黄河相距甚近。流域面积180万平方公里，润泽两岸，有天府之称的四川、两湖及长江中下游各省，均受到长江的恩赐。

新中国成立后，国家在长江上不仅修建了十多座大桥，天堑变通途，还新建了葛洲坝水电站，尤其是气势恢宏的三峡大坝，水位升高可达175米，可谓举世无双，集发电、通航、旅游于一身，是世界之奇迹矣！

三峡大坝

小浪底水库

刘家峡水库

珠江 全长2917公里,流域面积45万平方公里。它有西江、东江、北江三大支流。

汾水 全长695公里,注入黄河。中国上古时代传说的至圣至贤的尧舜国都就建立在汾水之畔,因此这里具有很重要的历史地位。

桑干河 全长650公里。18世纪清王朝皇帝玄烨下令改成永定河,卢沟桥就建在此河上。1937年7月7日,日本侵略者炮轰卢沟桥,中国国民党驻军英勇抵抗。从此中国人民的抗日战争全面爆发。

渭河 全长818公里,发源于甘肃省渭源县西南乌鼠山,东流入黄河。渭河是中国文明的重要发源地之一,中国四个最光辉的王朝——周朝、西汉、秦朝、唐朝相延2000年之久,都城均建在渭河之畔的长安(今陕西省西安市)。

淮河 全长1000公里,发源于河南省西南的桐柏山麓,流向东注入东海。历史上由于黄河多次改道,致使淮河亦屡遭水灾。新中国成立后,开国领袖毛泽东发出"一定要把淮河修好"的伟大号召,经过数十年的奋战,目前基本上解除了水患,淮河流域广大百姓得以安宁。另外,秦岭与淮河一线,形成南北分界,人文地理亦以此为界限。

钱塘江　全长494公里，每年的“钱塘潮”蔚为壮观，大潮来临，巨浪互相撞击，真是惊心动魄，吸引众多游客观潮。

钱塘潮

大运河江南河段

大运河　全长1794公里，是我国历史上劳动人民用生命和勤劳汗水挖成的一条人工河流，也是世界上最长的人工运河。这条运河在中国古代南北物资交流中，起到无与伦比的巨大作用。

以上介绍的是伟大祖国的河流，下面介绍湖泊。

青海湖　是我国第一大咸水湖。面积4583平方公里。湖中有一小岛海心山，是佛教圣地之一。它原来是一个淡水湖，后来的一次强烈地震后，逐渐变成了咸水湖泊。

青海湖

洞庭湖 面积2820平方公里，号称八百里洞庭，鱼米之乡，农产品的黄金宝库，它起到调节长江水位的作用。

洞庭湖

鄱阳湖 面积3583平方公里，是中国第一大淡水湖。和洞庭湖一样，农业发达，鱼虾丰富，所谓“两湖熟，天下足”。

鄱阳湖国家湿地公园

庐山三叠泉

太湖 面积2425平方公里。太湖也是淡水湖，镶嵌在长江中下游肥沃土地上的一颗明珠，中国现代著名富庶的乡镇几乎都在太湖流域。

罗布泊　是我国最奇特的湖泊，它位于新疆白龙堆沙漠之中。面积约2570平方公里。公元2世纪，汉朝伟大的探险家张骞进入西域途中，首先发现了它，称它为“盐湖”。解放后，这里成为我国重要的科学实验基地。

罗布泊古楼兰遗址

居延海湖　它位于河西走廊的西端，面积大约1800平方公里。它分两个湖，好似两只警惕的眼睛，监视着周边的动静。早在公元前2世纪的西汉时期，中国政府就在这里设立了要塞，监视匈奴的行动。

伟大的中国的国土好似一片宁静的海棠叶，又似一只昂首鸣天的雄鸡，昭示着伟大勤劳、酷爱和平的中华民族自强不息！

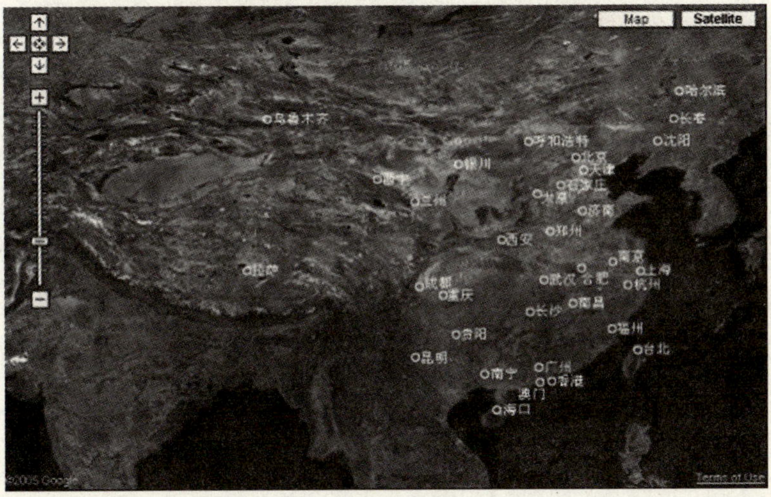

附图　中国地形图

1.2 悠久的历史

我国台湾历史学家柏杨先生生前曾经指出:"每一个民族都有它的生存空间——历史舞台,中国人亦然。中国人的历史舞台是世界上最巨大的、最古老的舞台之一"(柏杨著《中国人史纲》山西人民出版社 2009 年 7 月。)

早在公元前 30 世纪前后,遥远非洲的埃及、两河流域的美索不达米亚、亚洲的印度,都孕育着古老的文明。亚洲的东方——中国人在自己的黄土地上,也同样创造着属于自己民族的文明。这一文明历经磨难,几经变革,经过历代先贤们的不断"扬弃",使得我国古老的文明延续至今。

当时,由于历史地域条件所限,无有交通,几乎与世界隔绝,所以我们的祖先自认为居于世界之中心,故而称之为"中国"。又因为我们居住地土地美丽可爱,故而又称之为"中华"。华:美丽,意即非常美丽和可爱。

我国的后 N 代们,要熟读中国历史和地理,认识祖国,了解祖国,像先哲那样,热爱自己的故土,牢固树立起真正的爱国思想,为国家的建设发展出力。所以,我真诚地希望后 N 代们,无论你将来在世界上哪个地区做事,都不要忘记自己祖国的历史,更不要忘记自己的祖先和生养自己的父母。否则,你就可能成为当代的"汉奸",为国人所唾弃。

一部上下七千年(原说五千年)的中华历史,光辉灿烂。众多历史学家众说纷纭。有些史学家把中国历史划分为原始社会、奴隶社会、封建社会、半封建半殖民地社会,社会主义社会、共产主义社会等若干个社会形态;有的史学家认为中国未产生过奴隶社会;柏杨先生则开创性地把中国历史分为:神话时代、传说时代、半信史时代、信史时代等几个历史时代。

依据柏杨先生描述,神话时代开始于公元前二百七十六万零四百八十年,传说这一年有一位名叫盘古的大力士,在混沌的世界里,挥动大斧劈开宇宙,把宇宙分为天地两半。传说盘古是人类的祖先,亦是中华人的祖先。

传说盘古子孙后裔不断繁衍,距盘古五十五万年时期,陆续出现了三位伟大的神仙,称之为"三皇"。这里的"皇"即是"神祇(qí)"。天皇、地皇、人皇即“三皇”。天皇活一万八千岁，地皇也活一万八千岁，人皇寿命稍短，活了一万五千六百岁。

三皇时期，就是原始部落时期。之后又出现“五氏”，即有巢氏、燧人氏、伏羲氏、女娲氏、神农氏。“氏”亦即神祇，与“皇”意相同。

神话时代结束后，即进入传说时代。这个时代从公元前 23 世纪到公元前 17 世纪，共五百年时间。

五帝时期

黄帝时期：公元前 2698 年建立黄帝王朝，都城在有熊（河南新郑）。黄帝姬姓，又称姬轩辕，是有熊氏部落酋长，他有高超的智慧。经过战争，先后打败了当时的神农部落和九藜部落，各部落胆战心惊，纷纷归顺有熊部落，并推举姬轩辕为“天子”，拥护他当“黄帝”。“天子”意为天老爷的儿子，“帝”亦神祇。黄帝即黄颜色之神祇。

陕西皇陵轩辕黄帝像

河南新郑黄帝陵

公元前2698年建立的黄帝王朝，是一个非常重要的日子。中华人数次想用这个年代作为中华人纪年开始，取消用以封建帝王个人年号纪年的混乱制度，但由于封建专制统治者崇尚个人权威，这一美好之理想未能实现。

姬轩辕在中国历史上具有崇高的声望，他替代了开天辟地的盘古，成为中华民族的共同祖先。无论你们居住在世界哪个国家，只要是中国人，都必须承认轩辕黄帝是我华夏儿女的祖先。因黄帝是黄颜色的神，所以中国人是黄色皮肤，黑头发，黑眼睛。每年海内外华人都齐聚河南新郑，举行盛大的祭拜祖先轩辕黄帝大典。

姬轩辕黄帝在位100年，公元前2515年他的侄儿姬颛顼继位，称玄帝，意为黑色的君主，是第二个帝王，在位79年。颛顼帝去世之后，酋长姬继位，是第三个帝王，在位71年。第四个帝王是伊祁放勋号称尧帝，在位27年，活了119岁。第五个是舜帝，是个孝顺的君主，在位48年，活到100岁时，他突然离开帝王之位，跑到1000多公里之遥的九嶷山（湖南宁远苍梧山）至此，黄帝王朝传说时代结束，半信史时代开始。

《论语》第二十篇第一章记载，尧曰："咨！尔舜！天之历数在尔躬，允执其中。四海困贫,天禄永终。"舜亦以命禹。(程昌明译注《论语·尧曰》第217页　山西古籍出版社2001年6月。)"子曰:'巍巍乎,舜禹之有天下也,而不与焉。'"(《论语·泰伯》第84页。)

孔子称赞舜禹是非常伟大的,他们作为天子,拥有天下,却从来不谋自己的私利,虽身为帝王天子,却"而不与焉"。把当天子看做很平淡,不以权势欺压百姓。所以孔子称其"巍巍乎!"真是伟大而又崇高呀!

"子曰:'大哉,尧之为君也!巍巍乎!唯天为大,唯尧则之。荡荡乎!民无能名焉。巍巍乎其有成功也,焕乎其有文章!'"(《论语·泰伯》第85页。)则:法则、效法。

孔子称赞尧伟大呀!尧为天下之君,德行可与天相比。唯有天是最高大的,巍巍乎,荡荡乎,像大海一样的胸怀,波澜壮阔,浩瀚无垠!真是崇高呀!"焕乎其有文章",焕:形容光明的样子;文章:礼仪制度也是非常光辉灿烂的。尧舜伟大啊!尧舜"禅让",天下为公,是故"公天下"。这就是孔子颂扬的人生哲学和政治哲学。"公天下"即"天下为公",这应是民主政治的基本要求。

尧在位84年,到老了就找接班人。他没有把帝王位子传给自己的儿子,而是传给舜。因为舜是个孝子,他虽受到瞎眼睛(瞽叟)父亲和继母的多次加害,却不记仇恨。当时有人问他,如果你做了天子帝王,拟定父亲犯罪要被官府捉拿,你如何处理?舜说,我宁可不做天子帝王,也要背着瞽叟老父逃到很远的海边藏起来,过着清贫的生活。舜孝父亲的德行得到尧的赏识,故而把帝王之位传给了舜。

"舜有臣五人、而天下治。武王曰:'予有乱臣十人。'孔子曰:'才难,不其然乎?唐虞之际,于斯为盛。有妇人焉,九人而已。三分天下有其二,以服事殷。周之德,其可谓至德也以矣。'"(《论语·泰伯》第85页。)

舜有五臣:传说中五人指禹、稽、契、皋陶、伯益。

乱:治理。乱臣:治国之臣。十人:指周公旦、召公夷、太公望、毕公、荣公、大颠、闳夭、散宜生、甫宫适、邑姜。才难:人才难求。妇人:传说是指太姒(sì),文王的后妃,武王母亲,能以德教化天下。三分天下有其二:周文王时,地分九州,文王得了六州,是三分之二。

上述《论语》所言就是传说时代的圣人尧舜"禅让"帝位之记载。舜把帝位禅让给禹,禹废除了尧舜的禅让制度,把帝位传给自己的儿子启,从此,中国出现了"家天下"时代,进入到半信史时代。

半信史时代从公元前23世纪到公元前8世纪,大约1500年时间。其中有三个朝代相继兴建。它们的顺序是:

夏朝,公元前23世纪建立。公元前2205年一个叫似文命的继承了姚重华即舜的位子,建立夏王朝,称为禹帝,首都设在安邑,即今陕西夏县。夏朝最后一个帝王姒履葵即"桀帝",由于凶暴,在公元前1766年,被商部落攻击被俘,夏朝历经440年覆灭。

商朝,立国662年,后被周部落击败,暴君商纣王自焚于鹿台。

周朝,姬发建立周王朝,定首都镐京(今陕西安西)。废弃"帝"之称号,改称"国王"。周朝分西周、东周(春秋)。西周存在400多年,公元前770年周平王东迁,定都洛阳。

在公元前9世纪50年代,半信史时代结束,信史时代开始。

中国社会进入春秋战国时期,诸侯混战,经过长达数百年的兼并战争,西部的秦国在公元前221年统一了中国。秦统一中国,建立了秦王朝。之后的中国历史,经过汉朝,魏晋南北朝,隋、唐、宋、元、明、清计78个朝代。直到公元1840年,中国是世界上经济最发达的国家,令西方人羡慕不已。

公元1840年之后,世界资本主义列强开始侵略中国。欧美资本帝国主义侵略者用洋枪洋炮轰开了清朝的国门,强迫腐朽的清政府签订了诸多不平等条约。(第2章已记述)

1.3 灿烂的文明

中国上下几千年,勤劳智慧的祖先们在长期的劳动实践过程中,积累了丰富的经验,创造了灿烂的文明。

相传姬轩辕在公元前2698年建立了黄帝王朝,他替代了开天辟地的盘古，成为所有中华人的共同祖先。其中包括匈奴人、鲜卑人等少数民族，都尊称黄帝为他们的祖先。

相传黄帝是一位非常聪明的领袖。他教人盖房子，使住所更为牢固。姬轩辕黄帝还教人们把打猎的兽皮剥下来，加工成衣服，结束了用树叶茅草遮身的时代。姬轩辕还教人们学会做车子和小舟，发明弓箭，发明了笛子、琴、箫、瑟等乐器。姬轩辕制订了举世闻名的井田制，促进了当时农业的发展。

有的学者称道说：姬轩辕黄帝大概是一位发明大师，皇帝王朝是一个发明狂的时代。黄帝的妻子嫘（léi）祖发明了养蚕，开创了中国丝绸独霸世界4000多年的历史。

传说仓颉（jié）发明了文字，后来相继传到日本、韩国等使用的方块字，称之为“汉字”。直到公元21世纪的今天，我国使用的汉字是黄帝时代仓颉发明的。而且世界诸多地方的孔子学院也在开设汉语言课程，各国朋友为了开展国际交流，纷纷到中国北大、清华、南开等高等学府学习汉语。例如，加拿大的大山老师就会说流利的汉语，他的相声表演，赢得观众的好评和赞扬。

黄帝时代，隶首发明算术，有个叫荣成的人发明了历法。所以，中国人包括海内外华人及少数民族同胞把姬轩辕黄帝当做华夏各民族的祖先，是当之无愧的。

我国仍在使用的汉字，是仓颉发明的。尧舜禹三帝属于传说时期，到了夏商周时期，尤其是周平王东迁之公元前770年，中国社会进入到有文字记载的时期，我国社会进入到一个全新时期。

早在2500多年前，中国社会进入到周王朝末年，周朝先进的文化礼仪几乎达到崩溃的地步。是人类以伟大的孔子为木椟，降大任于斯人也。孔子创造了儒家文化，儒家文化是中国优秀传统文化之精髓，而《论语》是儒家文化第一书，也是中国传统文化之宝典。下面摘引《论语》中孔子盛赞尧舜禹之章句，供我国的后N代们研究学习儒家文化之用。

子曰:“大哉,尧之为君也!巍巍乎!唯天为大,唯尧则之。荡荡乎!民无能名焉。巍巍乎其有成功也,焕乎其有文章!”(程昌明译注《论语·泰伯》第85页　山西古籍出版社2001年6月。)

孔子把尧比做像天一样伟大,“巍巍乎!”伟大啊!只有尧可以与天相比,尧效法天,“则”即效法也。天行健,具有无可比拟的开阔胸怀,尧视天下为公,乃“公天下”。尧又像大海一样,胸怀宽阔,“荡荡乎!”浩瀚无垠!“民无能名焉。”名:称赞。老百姓不知道如何称赞他是好。他的功绩“巍巍乎”是多么的崇高啊,他的礼仪制度是多么的灿烂啊!焕:形容光明。文章:礼仪典治。

上文是孔子称赞尧的功德,下文是称赞舜和禹的品格。

子曰:“巍巍乎,舜禹之有天下也,而不与焉。”(程昌明译注《论语·泰伯》第84页 。)

舜禹也是“巍巍乎”,伟大崇高的帝王。舜是个孝子,他的父亲瞽叟(瞎子)听信其继母之唆使,多次欲加害于舜,都被舜用智慧破解了,逃避了危险。后来,有人问及说:如果你做了天子,而你的父亲犯法了官府要来捉拿他,你怎么办?舜说:我宁可不要天子之位,背着我的老父逃到遥远的海边,也不能让老父被官府抓去。尧到老的时候,就把王位传给了舜。

禹的父亲治水无果,禹接过父亲的班,治水九年,亲自参加疏通河道,三过家门而不入,是以天下为公也。舜后来把帝位传给禹。舜禹之有天下也,而不与焉。他们把天子王位看得很平淡,心里只有老百姓。“不与焉”即不去谋私利也。

接着孔子继续分析说:“舜有臣五人而治天下。武王曰:‘予有乱臣十人。’孔子曰:‘才难。’不其然乎?唐虞之际,于斯为盛。有妇人焉,九人而已。三分天下有其二,以服事殷。周之德,其可谓至德也以矣。”(《论语·泰伯》第85页。)

舜有五臣:传说中是指禹、稽、契、皋陶、伯益等五位贤臣。武王有乱臣十人:乱臣,治理公家之臣。十位乱臣:周公旦、召公夷、太公望、毕公、荣公、太颠、闳(hóng)夭、散宜生、甫(fú)宫适、邑姜。

“才难”:指人才难求,难得。

妇人:传说是指太姒(sì),周文王的后妃,周武王的母亲,协助文王以德教化天下百姓。

三分天下有其二:周文王时期,地分九州,文王得了六州,是过土地三分之二。(参考《论语·泰伯》85页注释。)

周文王的儿子武王灭殷,建立了周王朝。舜做天子有五位贤臣,武王有十位大臣,其中还有一位妇女即他的母亲。孔子认为,治理国家要有贤臣辅佐,尧舜时代,人才是很多的,舜有五位大臣,武王有十位大臣,而现在(春秋),人才难求。原因是春秋五霸诸侯争权夺利。尤其是鲁国为季氏三家权臣把持鲁国政,恶人当道,嫉贤妒能,所以有才能之人或隐居或出走。这里,孔子又称赞文王的道德亦是高尚的。

子曰:“禹,吾无间然矣。菲饮食而致孝乎鬼神,恶衣食而致美乎黼冕,卑宫室而尽力乎沟洫。禹,吾无间然矣。”(《论语·泰伯》第86页。)

这一段文字记述孔子对禹的称颂。大禹治水的故事,中国人可谓家喻户晓。“禹,吾无间然矣。”间:空隙,缺陷。间然:有批评,挑剔之意。孔子对禹无有批评和任何挑剔。他自己的饮食菲薄很差,而祭祀非常之丰盛;他平常穿的衣服也很差,而祭祀时他穿的黼(礼服)和冕(帽子)却很好;他居住很“卑”矮小低下,非常简陋,却尽力带领百姓兴修水利,疏通沟渠和田间水道。孔子说:禹这样的帝王我对他还能有什么指责的呢。

据史书记载:禹虽然当了帝王,他住的所谓宫殿,只是一个茅草盖起来的草棚子,室内是土台子,没有豪华装饰,这虽然与当时的物质条件不发达有关,但正说明禹的为人是一心“尽力乎沟洫”,体现官以天下为已任矣。这就是我国古代圣王对文化的贡献。

我国古代尧舜二代禅让帝位之传说,孔子称尧舜帝王禅让是多么伟大啊!尧舜作为天子,拥有天下,却不谋私利,他们的恩德之崇高可与天比矣,巍巍乎!这是孔子歌颂中国古代帝王尧舜先圣们无私的人生观、价值观，这亦是中国古代灿烂文化的重要体现。

“文化”有广义的概念和狭义之解释，诸多学者对“文化”作了许多有益的研究。

文：原指记录语言的符号，亦指文章、文学、学科之分类；公文文件、文档、文牍；自然界人类社会某些有规律的现象，如天文地理、人文科学；社会较高阶段表现出的状态、产物、思想、观念；如文明、文物古董；非军事的、与武相反的人和事，如文官、文职、文员；不猛烈：柔和，文绉绉，文弱，文火炖；掩饰：文过饰非；作量词：古代一文铜钱，文两，分文不收；花纹：纹理细密；纹身；姓。（参考周斌等编《新华大字典》第 898 页　商务印书馆 2011 年 8 月。）

化：指事物的形态或性质发生变化，如化石，化妆，化整为零；教育：感化，潜移默化；熔融：熔解，化铁炉；消除：消解，消化；化学：化工，化纤，化肥，化疗；修饰词：美化环境，自动化，城市化；佛教：化缘，化斋。

佛教“化身”“三身”之一。佛教认为佛具有“法、报、化”三身，其中化身是指佛能超度三界六道的不同需要而化成各种隐形之身，普通人是看不见的。故人世无法看见佛、菩萨的本身，菩萨和佛化身在世上，以不同方式出现在人世间。这是佛教的文化思想和人生观。

化：在甲骨文里是会意字，由一个正立的人和一个倒立的人左右组合而成。化的本意指变化，引申指通过教育使风俗、人心变化，即教化。也指自然界从无到有，创造化育世间万物生灵，即造化。在现代汉语中表示转变为某种性质或状态，或表示将某种新生事物积极推广。（参考周斌等编《新华大字典》第 344 页。）

文化：就广义上理解，文化是一个国家的核心价值的体现，是国家和民族素质的标尺。文化体现国民素质和国民精神。《日本新华侨报》曾刊登一篇文章，题为《“文化新政”凸显中国新一轮发展的战略视角》。作者分析认为：“文化被认为是一个民族在全球化进程中的名片、身份证和识别码，是一个民族的灵魂和血脉，关乎国家发展全局。”

伟大的中国悠悠几千年的历史，从神话时代到传说时代，半信史时代到信史时代，在长达7000多年的历史长河中，祖宗先贤们创造了灿烂的文化。

我们的祖先早在170万年左右到50万年间，就活动在自己的土地上。他们经历了漫长的旧石器时代，后进化到新石器时代。历史考古发掘：170万年前的云南元谋人，是我国发现最早的古人类。50万年前的北京人，已经会打制石器，并发明了火的使用。后来发现了周口店的山顶洞人遗址，距今约18000多年，他们已会使用骨器骨针，打磨石块。

北京人遗址——山顶洞

进入到新石器时代，在湖南、江西、河北、山东等地先后发现新石器文化，距今约1万年时间。黄河流域的仰韶文化，居民已过着定居的农耕生活。公元前3000年到2000年的龙山文化，农业发达，畜牧业养殖发展，人类已会烧制各种陶器。房屋呈圆形和方形。

据史书记载："昔太古尚无君矣，其民聚生群处，知母不知父，无亲戚、兄弟、夫妻、男女之别，无上下长幼之道，无进退揖让之礼。"（翦伯赞主编《中国史纲要》第4、5页　北京大学出版社2009年2月。）

中国古代的夏王朝存在471年，即为商部落灭亡，商王朝建立。商代出现了天文和历法。商人对天象变化较为注意，在发现的卜辞里亦有日食、月食、鸟星、商星、大星、火星之记载。

商代已经有了较完善的历法。商朝人把一年分为12个月，月大为30日，月小为29日，每逢闰年加一个月。在武丁卜辞中就有13个月的记录。

商代出现的甲骨文字是我国发现最早的文字，单字有4000多个，充分说明商代晚期文字已经非常之多，形成了严密的文字系统。后来的周人说："惟殷先人，有册有典。"

商代的青铜铸造艺术和装饰工艺，已经有了较高的发展水平，成为商代艺术文明的代表。

商代青铜器——司母戊大方鼎

中国商王朝灭亡后，周王朝兴起，历时共800年（西周约400年，东周春秋战国时代400年）。周王朝是中国历史上文化高度发展的时期。儒家学派的创始人——伟大的孔子，就出生在公元前551年，仙逝于公元前479年。周代及以后的中国文化，可谓群星灿烂，百家争鸣矣。儒家（孔子、孟子、荀子)、道家、法家、墨家、兵家、农家、杂家……似夏夜繁星,数不胜数。尤其是以孔子为代表的儒家文化,不仅影响我国几千年,几经磨难而不朽,而且对世界文化的影响至巨,是无与伦比的,受到世人高度评价和赞许。

周王朝时期,我国的文学艺术历史亦有可赞许之《诗经》,《尚书》、《春秋》等被后人称为“五经”,而《诗经》为群经之首。老子的《道德经》、伏羲氏、周文王的《易经》是我国古代重要的文献。其中,《周易》被西方世界哲学界推为中国哲学第一书。

老子像

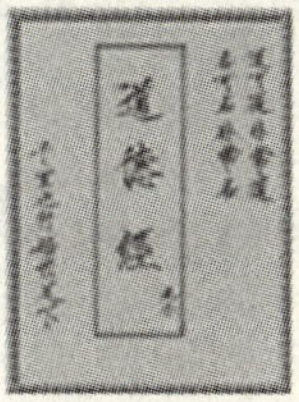

《道德经》

伏羲氏像

周文王像

《周易》

在自然科学方面,我国古代的先贤们也作出了重要的贡献。

西汉武帝时期,我国出现了第一部算学著作《周髀算经》,它记载了当时人们用标杆测量日影可求得日影高度的计算方法,这即是数学几何学的勾股定理。

汉代最重要的数学著作还有出自众人之手的《九章算术》。此书是 246 个数学命题和解题方法的汇编,计算土地面积,如方田、粟米、衰分、少广、商工、均输、盈不足、方程、勾股等九章,故称《九章算术》。此书运用了分数计算方法和比例计算方法,开平方、开立方、二次方程,并提出正、负数的概念和加减解法。“《九章算术》的出现,标志着中国古代数学的完整体系的形成,开启了中国数学研究的一个新阶段。在世界数学史上,《九章算术》也占有重要地位。”(翦伯赞编《中国史纲要》154 页　北京大学出版社 2009 年 2 月。)

东汉的科学家张衡集前人之智慧,设计发明了一种新的浑天仪、候风地动仪,用于测地震的方位。张衡被后人誉为“数术穷天地,制作侔(móu)造化”。

张衡像

地动仪

中国最早的医书也出现在汉代。《黄帝内经》一书，是我国一部伟大的医学科学著作，也是中国哲学的宝典。著名的外科专家华佗发明了一种麻醉药“麻沸散”，用于外科手术，减轻患者之疼痛。这是当时世界医学发展史上一项重大创举。

1957年，在我国古都西安灞桥的考古发现，西汉墓葬中有用麻类纤维支撑点残片，据专家确认，这是已知世界上最早的人造纸片。到了东汉和帝时期，宦官蔡伦研究出用植物纤维生产纸的技术，被人们誉为“蔡侯纸”，这是中国先人们的一大发明，也是对人类科技进步的重大贡献。

中国造纸技术后来传到朝鲜、日本，经阿拉伯传入欧洲，极大地促进了世界文化的进步。

蔡伦造纸

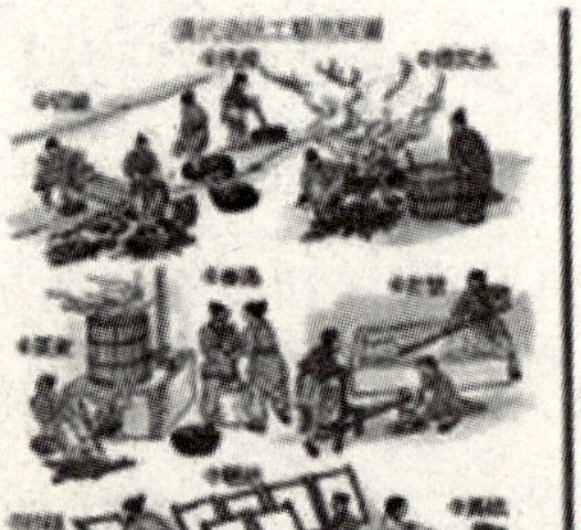

造纸流程图

在我国汉代，冶炼技术也有相当的发展和进步。一些道士们通过炼丹，观察到某些物质的化学反应和变化。东汉时浙江会稽人魏伯阳总结自己炼丹的经验，写成《周易参同契》一书，记载了一些物质化学变化的知识。这部书是世界上最古老的炼丹书籍，在世界化学史上有着十分重要的地位。

我国古代数学到了魏晋时期，又有诸多进步。其中，最有名的是伟大数学家祖冲之（429—500）著《缀术》一书，经过计算，求出的圆周率在3.1415926和3.1415927两数之间，具有非常高的计算水平。直到1427年，中阿的数学家阿尔卡西才突破祖冲之圆周率的6位数值，求出16位更为精确的数值。但比中国的祖冲之晚了近1000年。

另外，祖冲之还用两个数值表示圆周率：一是密率，为355/113，另一个是约数，22/7。直到1573年，欧洲德国数学家鄂图得出与祖冲之同样的数值，但比中国的祖冲之晚1000多年。

祖冲之还创造发明千里船，用机械转动，可日行百里。祖冲之的儿子祖暅（gèng）之也是一位数学爱好者，他经过刻苦钻研，求出球体积计算公式。

祖冲之

我国北魏时期的农业科学技术也有进步。贾思勰所著《齐民要术》一书，是我国现存最完整的一部农业科技经典文献，具有很高的学术价值。

魏晋时期，卫国的雕刻艺术高度发展，至今闻名于世的甘肃敦煌(dūnhuáng)的莫高窟艺术宝库和河南洛阳的龙门石窟，是睿智的中国劳动人民雕刻智慧的结晶，每年吸引大量的国内外游客。

敦煌莫高窟绘画艺术

洛阳龙门石窟

我国隋唐时期，文学艺术得到很大的发展。尤其是唐代的诗歌对后世产生了巨大的影响。李白、杜甫、白居易等一大批诗人，国人耳熟能详，他们的诗歌影响数代文学艺术工作者。

李白

杜甫

白居易

我国宋、元、明、清诸朝代，无论是哲学、文学还是小说等都得到很大的发展和进步。唐诗、宋词、元曲，组成一幅绚丽的文化长廊，在中国文化史上具有非常重要的位置。大宋朝代新儒家二程(程颢、程颐)及朱熹的理学，为后人研究古代儒家文化，提供了丰富的文献资料，也对明清及近现代儒家哲学产生了重大影响。后人对二程、朱熹的“存天理，灭人欲”之谬论提出尖锐的批评，认为他们歪曲了孔子的人生价值财富观。

程颢

程颐

朱熹

我国宋代，不但儒学得到发展，自然科学技术的发明也很突出。如火药的发明，我国宋朝初年，公纪元904年，宋将杨行密的军队围攻豫章（江西南昌），部将郑璠命令部队发射“飞火”，烧龙沙门。这里说的“飞火”就是火炮、火箭之类的武器。宋太祖开宝八年（975），北宋进攻南唐时，使用火炮、火箭齐发。到宋仁宗时，在首都设置了火药制造工厂。之后的年代，火药在军事上得到广泛使用。

到了13世纪，蒙古军团西征中亚地区各国，火药、火器制造技术随之传入伊朗等伊斯兰各国，伊斯兰人加以改进，制造“回回炮”，又传回宋朝，进行火药制造技术的文化交流。

印刷术的发明，早在唐朝中期，刻版印刷就已出现，对于文化的传播和普及，起了重大的作用。北宋初年，成都用刻板技术印刷佛经5000多卷。

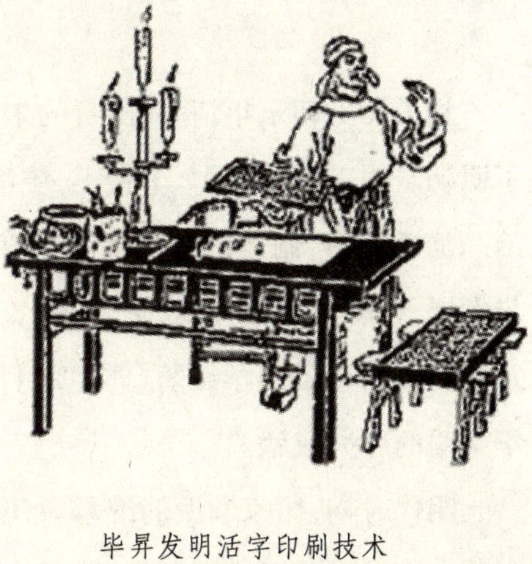

毕昇发明活字印刷技术

宋仁宗年代，布衣毕昇发明了活字印刷技术，用胶泥刻字，突出字的笔画，每个字均是独立的一颗，再经火烧制成坚硬字形。在字模表面涂上松脂、蜡、纸灰等，印刷时把活字镶嵌入制好的铁板上，用火烤之后至溶化、凝固，即可印刷书籍。

到了元代，有人在毕昇胶活字印刷的基础上，又发明了木活字、铜活字印刷技术。中国人发明印刷技术比欧洲人早400多年。

指南针 北宋学者沈括，是一位富有科学头脑和丰富知识的人。他写了一本书叫《梦溪笔谈》，书中记载当时看“风水”的先生是用的磁石指针，用来判定方向。在无风的地方，磁针指向南方，这就是指南针的雏形。

到了11世纪，北宋末年有位叫朱彧（yù）的人写了一本《萍周可谈》，记述了他在广州的所见所闻。其中，记述当时我国海上的“舟师”都能识“地理”，在海上航行“昼则观日，夜则观星，阴晦则观指南针”。这充分说明，我国在11世纪，已经开始广泛使用指南针技术了。

对世界产生重大影响的“四大发明”，既是中国人引以为豪的物质文明，更是中国人的聪敏睿智的思想文化之体现。

沈括

指南针

到了元王朝末年，和尚出身的朱元璋参加农民起义，后当上皇帝，建立了明朝。明王朝历经17个帝王，统治274年。史学界称明王朝为“断头政治”，滥杀无辜，制造诸多冤案。尽管如此，中国的文化科技还是得到进一步发展。其中徐光启的农学名著《农政全书》，宋应星的科技史名著《天工开物》，李时珍的药学巨著《本草纲目》等科技史名著，流传后世，也是我中华文明的巨大成就。

明代时期，儒家学派的继承者王阳明、张载，创造了新的理论，对后世亦曾产生过一些影响。尤其是王阳明被贬到贵州边远地方——龙场，过着非常艰苦的生活，但他立志不移，潜心研究儒家哲学，悟道人生之真谛，创造出“心性”学，后人称之为“阳明学派”，在我国学说文化史上占有重要的一页。早在中国古代，《易经》是群经之首，欧洲人从中国的《易经》里领悟到数学技术的成果。还有前文已论述的“四大发明”，即造纸术、印刷术、火药、指南针等科技，极大地促进了东西方的文明。不仅如此，中国历史上的中医科技，传到西方，受到西方人的重视和好评。

明朝杰出的医药学家李时珍，用毕生的精力写成了《本草纲目》，这是一本医药学巨著，对我国中医科技的发展作出了巨大的贡献。后来此书被翻译成多种外国文字，传到世界各地，西方国家称《本草纲目》是“东方医学巨典”。

还有，明末清初的科学家宋应星，字长庚，江西南昌府奉新县人。他自幼读诗文，后学习中国古代经、史、子、集等书。明神宗万历年间应考中举，他勤奋学习，利用上北京考试途经数省，注意观察沿途农业、手工业生产技术。他用一生精力，收集整理民间百姓的各种生产技术，写出《天工开物》，全书共18卷，分上、中、下三部。何谓《天工开物》？就是指自然界形成的万物，被人类开发利用，造福于人。可惜这样一本厚重的自然科学巨著，在当时未能被明王朝断头统治者们重视，几乎抛于荒郊，甚至几乎失传。而在邻邦的日本却广为流传。该书后被翻译成日、法、英、德多国文字，被西方学者誉为“中国17世纪的工艺百科全书”，它是世界上最早的百科全书。

李时珍、宋应星为自己热爱的事业矢志不渝，弘志不移，是我国古代知识分子的先进代表。

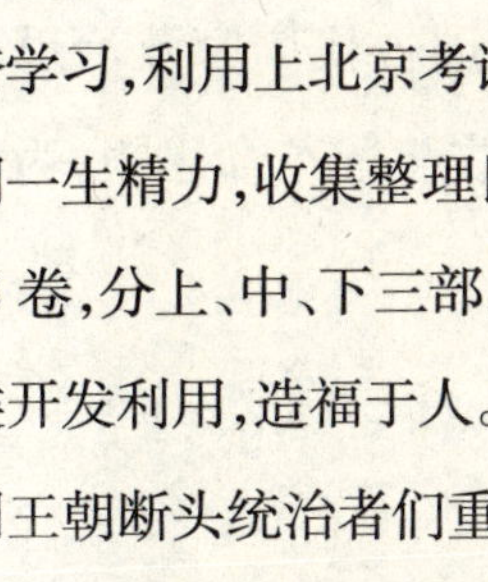

李时珍

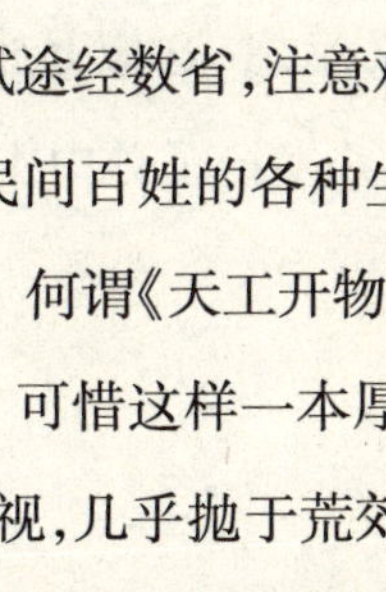

《本草纲目》

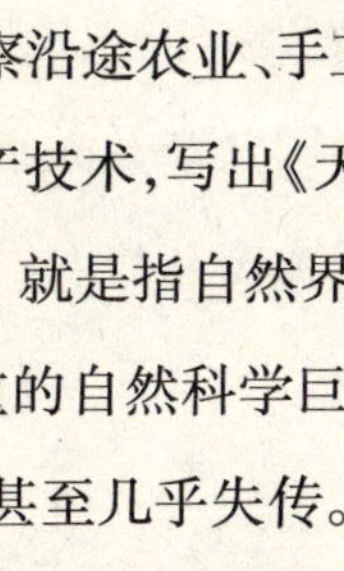

宋应星

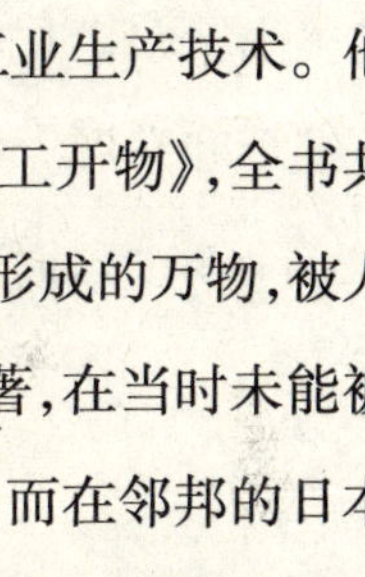

《天工开物》

中国明朝，郑和七次下西洋多达两万余人，船高三层，声势浩大，所向披靡，扩大了中国的国际威望，促进了中国和东亚、西非各国的友好交流。当时，造船术相当发达，这是中国人对航海事业作出的重大贡献。

清王朝坚守闭关锁国政策，鸦片战争以后，封闭的国门被逐渐打开，由于外国资本主义的入侵，也带来了西方一些先进的科学技术，促进了中国民族资本的发展。一些官吏开始仿效西方，创办民族工业，如张之洞、李鸿章、曾国藩等清廷大员，开办工厂，发展民族工业。

在清王朝统治的200多年间，中国社会在1840年之前，保持着闭关锁国的方针。1840年以后，外国资本主义开始入侵大清帝国，尤其是1840年的鸦片战争之后，中国逐渐沦为半封建半殖民地社会。中国人民头上受到"三座大山"的压迫和剥削。中国的传统文化也受到挑战，西方世界的思想逐步进入古老的中国。直到辛亥革命，伟大的民主革命先行者孙中山先生提出"民族、民权、民生"三民主义思想，这应是中国古代儒家政治思想的继承和发展。中国共产党人继承并发扬了孙中山先生的革命思想，为创建一个新中国而努力奋斗！

2 新中国

2.1 伟大的民主革命先行者——孙中山

孙中山先生祖籍广东省东莞市长安镇，后迁至中山市翠亨村。出生于1866年11月12日，仙逝于1925年3月12日。名孙文，字载之，号逸仙。他是我国近代民主革命的伟大先行者，领导推翻清王朝，结束封建帝制，创建中华民国的伟大功臣。

中国历史在清王朝时代，曾经出现过所谓“康乾盛世”，但是到了1840年鸦片战争之后，西方资本主义列强逐渐对富饶的中国进行侵略，掠夺中国的财富和土地，使灿烂的文明古国逐渐沦为半封建半殖民地。外国侵略者在中国横行霸道，无恶不作，强迫清政府签订了一系列不平等条约。

中国和世界上所有古国一样，居住着众多原始部落，后来原始部落为争夺生存资源，不断打仗，互相兼并融合，终于形成一个庞大的帝国。到了20世纪初，中国疆域面积达1140万平方公里。后来，由于世界资本帝国主义的侵略，腐朽的清朝封建统治者被迫和外国侵略者签订了一系列不平等条约，割地赔款，大片国土丧失，最终形成960万平方公里的国土面积。

中国近百年签订的不平等条约

时间	不平等条约	主要内容	签订地点
1841.1	中英穿鼻条约	1 割让香港。 2 补偿英商白银600万两。 3 承认中英两国平等地位。	广州

1842.8	中英南京条约	1 中国赔偿英国白银2100万两。 2 中国割让香港全部主权于英国。 3 开放广州、福州、厦门、宁波、上海五个港口为通商口岸,允许英国设立领事馆,驻扎官员。 4 中英两国地位平等,中国不得称英国为夷。	南京长江江面英国军舰上
1843.7	中英五口通商章程	1 英国领事有裁判权。 2 保护英国在华犯罪分子,破坏中国司法权。	广州
1843.10	中英虎门续约	1 英国军舰可在五口停泊。 2 英国在五口商铺可以租地建造房屋。 3 英国享有片面最惠国待遇。	广州
1844.7	中美望厦条约	1 美国侨民享有领事裁判权。 2 外国商轮沿海贸易权。 3 外国兵船各口游弋权。 4 美国在五口可建造教堂。	广州
1844.10	中法黄埔条约	1 法国享有英美各约的特权。 2 迫使清政府取消对天主教的禁令。	广州
1844年及之后	欧洲葡萄牙、西班牙、比利时、瑞典、丹麦、德国、意大利、荷兰、奥匈帝国等	享有英美各国一切在华特权。	
1858.5	清政府与英、法、俄、美签订天津条约	1 英、法两国派使节驻扎北京,中国派使节驻伦敦、巴黎。 2 开辟牛庄、营口、烟台、台湾、淡水、汕头、琼州为通商口岸。 3 中国赔偿英法军费银币600万两(英国400万两,法国200万两)。 4 英法商船可自由航行中国内河等。	天津

1860.9	《北京条约》。英法联军焚烧圆明园	1《天津条约》除赔款一项外，其余条款继续有效。 2 中国赔偿英法军费白银 1600 万两（英法各 800 万两）。 3 割让九龙半岛给英国。 4 各国使节进驻北京，并觐见皇帝。 5 增开镇江、汉口、江宁、九江、天津为通商口岸。 6 允许外国传教士在中国内地传教，并有权购置房屋田地，广置产业。 7 外国人参与海关。 8 修改税制。 9 允许鸦片公开进口。 10 赔偿英法白银各 800 万两（北京条约）。 11 割九龙司地方一区给英国。	北京
1858.5.28 1860.11 1879 1883	中俄《瑷珲条约》 《中俄北京条约》《塔城条约》 《伊利条约》 《科塔条约》	1 割让黑龙江以北 64 万平方公里领土给俄国。 2 乌苏里江以东大片领土割让给俄国。 3 开放伊利、塔城、喀什葛尔通商。继之割让 58 万平方公里土地给俄国。赔偿白银 280 万两。中国 161 万平方公里国土被俄国吞占。	瑷珲、北京 塔城　伊利
1885.4 1885.6	中法《停战协定》《中法新约》	法国在中国云南、广西、广东三省与中越边境开埠通商的特权。	巴黎、北京
1890 1893.1	中英《藏印条约》《藏印续约》	开放亚东为通商地点，英国打通了通往西藏的大门。	北京
1894.4	《中日马关条约》	1 承认日本控制朝鲜。 2 割让辽东半岛、台湾、澎湖列岛。 3 赔偿日本军费 2 万万两。 4 允许日本在通商口岸设立工厂。 5 开放沙市、重庆、苏州、杭州为商埠，允许日本商船开进上述各地。	马关

1896.6 年	《中俄密约》	清政府用以道胜银行在黑龙江、吉林修造铁路，让俄国拥有运送军队的权利。	莫斯科
1898.3	《中德胶澳租界条约》	德国侵占胶州湾土地，租期 99 年。独占胶济、沂州——莱芜铁路。	北京
1896.3	《旅大租地条约》	俄国租占旅顺、大连，租期 25 年。独占南满、中东（支线）铁路。	北京
1901	《辛丑条约》	1 清政府向各帝国主义赔款 4.5 亿两白银。 2 分 39 年偿付，本利合计 10 亿两。 3 关税、盐税都由帝国主义控制。 4 在北京东交民巷设使馆区。 5 使馆区及北京至大沽、山海关的铁路允许外国军队驻守。 6 大沽炮台完全拆毁。 7 清政府下令禁止中国人以任何形式反对帝国主义。	北京
1904.8	《拉萨条约》	开放江孜、葛大克为通商口岸，英国获得许多政治经济特权。	拉萨
1915.1 1918.5	日本提出灭亡中国的 21 条要求 段祺瑞政府与日本秘密签订《共同防敌军事协定》	1 把山东半岛变为日本的势力范围。 2 承认日本在“南满”“东部内蒙古”的优越地位及特殊权利。 3 延长旅顺、大连租借期及南满安泰铁路租借期延长至 99 年。 4 垄断汉冶萍公司。 5 日本人充任中国政府政治、财政、军事管理者，警察机关、兵工厂中日合办。 6 日本在九江、南昌、杭州、潮州等地建筑铁路、开矿、建海港船厂 补充条款： 1 段政府军队由日本人指挥。 2 伙同日本出兵西伯利亚，干涉俄国革命。 3 日本取代俄国迅速占领了中国东三省。	北京

摘自（拙作《论语与制胜力》第 2—5 页　江西人民出版社 2011 年 7 月。）

面对清朝政府的丧权辱国，觉悟的中国先辈们在19世纪末、20世纪初，国内一部分爱国知识分子纷纷成立革命团体。1902年，爱国知识分子蔡元培等人在上海组织“中国教育会”及“爱国学社”。留日学生在东京成立“青年会”；1903年留日学生把“拒俄义勇队”改为“军国民教育会”。

远在日本宣传革命的鼓动家章炳麟、邹容、陈天华等爱国进步知识分子，纷纷创办宣传革命的刊物，鼓动推翻清王朝封建帝制，驱逐帝国主义出中国。1903年，年龄不满20岁的邹容从日本回到上海，他发表了《革命军》，喊出了“中华共和国”的响亮口号，强烈要求废除封建帝制，反抗外国人干涉中国革命。后被清政府通过上海租借巡捕拘捕监禁，在狱中遭受种种折磨，于1905年死于狱中，时年22岁。

陈天华于1903年发表了《警世钟》《猛回头》檄文，他以通俗文笔，揭露了帝国主义在中国的罪行，成为清政府封建政权的主子。他在文章中沉痛地写道：“这朝廷，原是个，名存实亡。替洋人，做一个，守土官长。压制我，众汉人，拱手降洋。”陈天华积极主张动员全民抵抗帝国主义的侵略，并以自己的死，唤醒国人，推翻卖国政府。他实践了儒家先贤“士不可不弘毅，任重而道远。仁以为己任，不亦重乎？死而后已，不亦远乎？”（《论语·泰伯》第81页。）的伟大教诲，悲壮哉！

民主革命的杰出领袖——孙中山先生先后在澳门成立“兴中会”，联络黄兴等人，于1905年8月20日在日本东京成立了中国革命同盟会，积极领导革命党人策划推翻腐朽卖国的清王朝。孙中山先生等先辈们经过极其艰苦的奋斗，前后策动多次武装起义，并在新军中发展革命党人。终于在1911年10月10日爆发了武昌起义，打响了辛亥革命第一枪。起义军经过一夜的激烈战斗，迅速占领了武昌城。各地革命党人纷纷响应，到1912年1月1日，推翻了统治中国2000多年的封建王朝，在南京成立了中华民国临时政府，孙中山先生被公推为临时大总统。2月2日，清王朝最后一个皇帝宣布“逊位”。接着，孙中山在帝国主义和国内反动势力的联合攻击下，宣布辞去临时大总统职，两面派、阴谋家袁世凯顺利窃取了辛亥革命的胜利果实，摄取了临时大总统之职。

孙中山

黄 兴

秋瑾

徐锡麟

武昌起义

2.2 窃国大盗——袁世凯

辛亥革命爆发之后，帝国主义列强暗中支持握有兵权的袁世凯，极力反对革命党人领导的中华民国政府。野心家袁世凯利用外国主子的支持，开始镇压革命党人领导的起义军。同时，对孙中山先生施加种种压力，迫使孙中山先生让出临时大总统之职。

野心家袁世凯做的是当皇帝的美梦。他雇佣御用文人为他当皇帝制造舆论。同时勾结帝国主义出卖民族利益，获得主子的大力支持。此时，原同盟会中一些人转而反对孙中山，并另立组织，和孙中山作对，转向支持袁世凯。

袁世凯急不可待地复辟帝制，他采取步步为营的手段，拉拢一批投机钻营分子，为他称帝作准备。1914 年 12 月 12 日，经过精心策划，袁世凯决定接受“拥戴”，并把民国五年改元“洪宪”，积极准备登基大典。

袁世凯的倒行逆施，激起全国各地的声讨。有识之士如蔡锷将军等人组织“护国军”，举义旗纷纷进行讨袁护国运动。本来对袁世凯效忠的投机分子，此时也转向反袁。这时，帝国主义者们看到袁世凯的政权并不稳固，纷纷不予支持。

在内外强大的倒袁浪潮中，袁世凯不得不于1916年3月宣布撤销帝制。同年6月，这个卑劣的野心家在全国人民的声讨之中死去。

对袁世凯这样的伪君子、野心家，务必提高识别能力。正如孔子所言："视其所以，观其所由，察其所安。人焉廋哉？人焉廋哉！"（《论语·为政》第14页。）焉：哪里。廋（sóu）：隐藏，藏匿。

孔子教导我们：要想了解一个人，就要看他做事的动机，为何要这样做；还要认真观察他怎样做这样的事情；看清他做这件事情的心情。这个人的真实动机是无法隐藏的，也是隐藏不住的。

2.3 孙中山与三民主义

孙中山先生是我国民主革命的先行者。1905年8月20日，在日本东京，成立了我国资产阶级的革命政党——中国同盟会。在短短几年时间内，同盟会会员发展至近400人，其中留日学生354人参加了同盟会。

孙中山先生为同盟会制订了三大纲领，在1905年10月《民报》发刊词上明确提出：民族、民权、民生三大主义，就是时人所称之三民主义。也就是后来所称之为“旧三民主义”。

孙中山先生当时提出的三民主义有其积极的意义，亦有其不足之处。这里不进行论述了。

后来，鉴于革命形势的发展变化，孙中山先生于1924年1月，在广州召开的中国国民党全国代表大会上，提出“联俄、联共、扶助农工”三大政策，称为新三民主义。接受中国共产党和苏俄共产党的帮助，积极改组国民党，并于3月组建黄埔军校，任命蒋介石为校长。

孙中山先生为中国前途不顾身体疾病，绕道日本国于1924年12月14日抵达天津，12月31日入北京住北京饭店后，于1925年1月26日检查确诊为肝癌，并于2月18日在北京协和医院接受手术。终因积劳成疾，不幸于3月12日9时30分在协和医院逝世，终年59岁。孙先生在弥留之际，提到国家大事的遗言：和平……奋斗……救中国！伟人！伟大哉！

国内外研究孙中山先生革命思想的专家学者不胜枚举，有关专著随处可见。我国后N代们如若有兴趣研究孙中山先生的革命理论，首当从研究三民主义开始，逐步领悟孙先生革命思想的发展变化。

2.4 五四爱国运动

辛亥革命的胜利，引起了外国列强的恐慌。他们勾结军阀袁世凯，对孙中山等革命党人实行欺骗、施压、暗杀等卑劣手段，逼迫孙中山先生让位给窃国大盗袁世凯。袁世凯倒行逆施，积极复辟封建帝制。从此，辛亥革命被扼杀，帝国主义进一步对我国领土进行瓜分，再次激怒了已经觉醒了的中国人民，尤其是当时一代知识精英们。终于在1919年5月4日，在北京爆发了以爱国青年学生为主体的爱国运动——史称“五四运动”。

1914年，爆发了帝国主义国家为瓜分世界而发生的第一次世界大战。1918年大战结束，世界列强在法国巴黎召开分赃会议。中国北洋政府派出代表参加会议。会上，帝国主义列强们把魔爪进一步伸向中国，妄图再次掀起瓜分中国领土的狂潮。

巴黎和会的消息传到中国国内，激起广大以青年学生为主体的民众的强烈反对。有志气的爱国青年学生喊出“宁为玉碎，不为瓦全”的口号。终于在1919年5月4日这一天，北京大学等高校的学生们举行声势浩大的游行示威，要求中国政府拒绝在巴黎和会上签字。青年学生的爱国运动，遭到卖国政府的镇压。激起上海、广州等地广大工人群众的抗议，他们自发组织声援北京学生的爱国运动。中国人民再也无法忍受外国帝国主义的欺侮了。在要求爱国，实现民主的风起云涌的抗争过程中，孕育着中国革命先进组织——中国共产党的诞生。

后N代们要牢记中国清朝政府丧权辱国之耻辱，勿忘历史，勿忘勤劳勇敢的先辈们。勤劳的中华人就在这片国土上生生不息，长达几千年的文明史延续至今。后N代们必将把我中华悠久的历史光辉，发扬光大，一代一代地传承下去。

五四青年爱国运动

2.5 中国共产党成立

1921年7月23日，北京、山东、上海、广州、湖南等地的共产主义小组的代表毛泽东、王尽美、何叔衡、陈潭秋、周佛海、鲍惠曾等人，秘密来到上海，聚集到李达家，举行秘密会议，策划成立中国工人阶级的先进政党——中国共产党。后因被法国巡捕发现，与会代表紧急转移至浙江嘉兴南湖一只游船上，继续开会。经过充分的讨论，会议决定成立中国共产党，制定了党章，明确了党的行动纲领。

中国共产党的成立，得到了当时苏联顾问马林的大力指导和帮助。自此，中国革命有了正确的领航人。

上海一大会址

嘉兴南湖游船

中国共产党的成立之日起，就以推翻压在中国人民头上的帝国主义、封建主义、官僚资本主义三座大山，建立新中国，实现社会主义、共产主义社会为目标。经过28年的艰苦奋斗，无数革命先烈流血牺牲，终于在1949年推翻了以蒋介石官僚集团为代表的国民党反动政权，建立了新中国。从此，中国人民受奴役、被压迫的时代一去不复返了！中国人民站起来了！

2.6 新中国的诞生

1949年10月1日，在北京天安门广场举行了开国大典。刘少奇、周恩来、朱德、宋庆龄等一大批开国元勋们站在天安门城楼上，开国领袖毛泽东先生向全世界庄严地宣布：中华人民共和国中央人民政府成立了！中国先人孔子及世世代代哲人梦寐以求的“老者安之，朋友信之、少者怀之”的时代就要实现了！

中国共产党人在毛泽东为领袖的党中央的领导下，经过二十多年的流血牺牲，打败了日本帝国主义侵略者，终于在1949年推翻了蒋介石反动政权，建立了中华人民共和国，中国劳苦大众翻身得解放，中国历史开始进入到新的时期——社会主义建设时期。

2.7　旧中国与新中国

以上各章节论述了伟大祖国的丰富的资源，悠久的历史，灿烂的文化，作为国人之后代们应感到中国的确是一个伟大的国家！从远古时代开始，我们的祖先就繁衍在中华大地上，一代又一代先人们用智慧和汗水，创造了光辉的文化和物质文明。

但是到了1840年以后，中国逐步沦为半封建半殖民地国家。直到1949年前，旧中国的国民经济年总产值少得可怜，铁路总里程不到2000公里，无一条像样的公路。年产钢材4万吨左右，煤炭多为日本等外国资本帝国主义侵略者所霸占。内河航运几乎都是外国人开的“洋船”。连年战争使得民不聊生，通货膨胀，仅以上海为例，从1945年9月到1949年5月，上海物价飞涨。1937年可买一头牛的钱，到1948年只能买到一盒火柴了。后来有人计算过，国民党统治时期的物价上涨是当时德国同期物价涨幅的30倍。这不仅是中国近代物价史上最黑暗的时期，也是世界同期物价史上最黑暗的时期。每年冬季，匪盗成群，老百姓胆战心惊地挨过每一天。

老北京——前门大街

新北京——前门大街

老北京天安门

新北京天安门广场

新上海图片

老上海图片

新上海图片

中国人民在中国共产党的领导下，推翻了压在头上的三座大山，1949年10月1日新中国成立，中国人民扬眉吐气，当家做主，用勤劳的智慧和双手，建设自己的国家。仅用几十年的拼搏奋斗，把一个贫穷落后的、受尽外国人欺凌的旧时代，彻底根除了。

目前，我国已发展成为世界上第二大经济体，国民经济总量超过了日本、德国、法国、英国等资本主义国家。2008年，中央政府决定免除广大农民的农业税，这是盘古开天辟地以来所没有的！2010年，我国煤炭产量实现32.4亿吨，占全球的48%；粗钢产量达6.37亿吨，占全球的45%。

新中国仅用60多年的时间，把一个极贫极弱的旧中国，建设成为社会主义的欣欣向荣的新中国，经济建设发展速度超过世界上所有资本主义国家的发展速度。这充分说明被压迫的中国劳动人民，在中国共产党的领导下，是有智慧、有能力、有本事建设自己的国家的。中国人的智慧不比外国人差！

美国、日本工业现代化建设进程

美国经过北美独立战争，于1789年获得了独立，华盛顿成为美国历史上第一任总统。19世纪之初，美国还是一个农业国家。美国政府当时制定了开发西部的计划，并付诸实施。西部开发为东部工业化提供了充足的原料，扩大了工业品销售市场。

19世纪30—70年代，美国的制造业发展迅速，尤其是棉纺织业。美国经济经过两次飞跃，即从1815—1850年，新英格兰地区棉纺织工业发展迅速;从1843—1870年,美国北部地方工业起飞,修建铁路、发展重工业,从轻工业逐步转向重工业。到了1860年,美国成为仅次于英国的世界第二大经济体。到了1880年,美国经济超过了英国、德国,成为世界第一大工业强国。

美国工业化起步较晚,但它的发展速度却较快。在发展工业的过程中,美国政府重视产业升级,使农业产值比重逐步减少,增加工业产值比重。1850年,农业产值占61%,工业产值占39%;1900年,工业产值上升到73%,农业产值占27%。

工业品在1860年之前,以农产品为主要原料;到了1925年,以农产品为工业原料的产品几乎没有了。这反映出美国工业化的特点,是值得我国政府和企业精英们借鉴的成功经验。

美国政府在实现工业化的过程中,先后制定了诸多优惠措施,如引进资金和技术、鼓励发明创造、保护民族工业等。经过100年的努力,实现了工业化。工业化带动了城镇化。1790年之前,美国城镇人口只占5%,到1920年,城镇人口占51%。

日本是我国一衣带水的邻邦。日本早在德川幕府时期的1868年,开始了"明治维新"。明治天皇政府学习西方尤其是英美国家发展经济之经验,提出"殖产兴业"的政策,并紧紧抓住欧美工业革命的契机,大力引进外国专家和技术人才,购买先进的设备,鼓励私人创办企业。自1885年之后,日本就进入了工业现代化发展阶段。到20世纪20年代,日本国政府用了近60年的时间,完成了早期工业化。

新中国成立前是一个以农业为主体的半封建半殖民地的国家,由于外国资本帝国主义的侵略,国民党蒋介石政府无能,国民经济千疮百孔。自1949年新中国成立之后,国家实行第一个"五年计划",开始发展重工业。中国共产党领导中国政府和人民经过60年的拼搏,尽管其间还有"文化大革命"10年大倒退,细算起来我国只用了40年的时间,就基本完成了早期工业化,并发展成为世界第二大经济体。

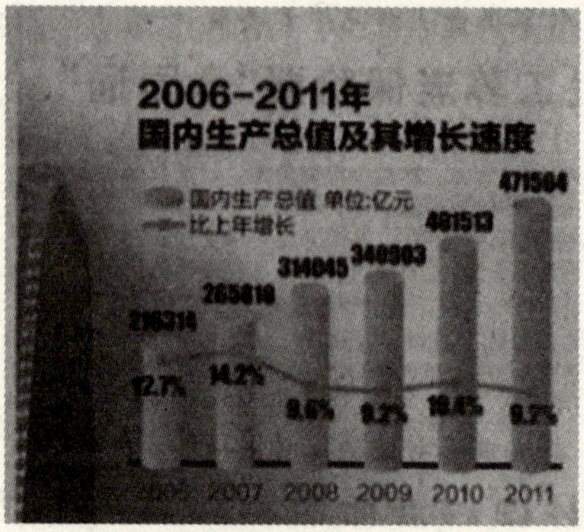

2006—2011 年国内生产总值及其增长速度

（人民日报 2012.3.3.4.5.7）

中国共产党伟大哉！中国人民伟大哉！

伟大的祖国物产丰富，960 万平方公里的土地上，山川河流蕴藏着许许多多宝贵的财富资源。这些资源在新中国成立前多为外国资本帝国主义国家强行霸占，非法开采。而中国的旧政府无力保护国家的资源。

新中国成立之后，废除了旧中国卖国政府与外国签订的一切不平等条约，把宝贵的国家资源收归中国人自己所有。在中国共产党的领导下，中国人民用自己的勤劳智慧，建设自己的国家。

中国人自己开采的大油田——大庆油田、胜利油田、辽河油田、大港油田、克拉玛依油田等油田，年产原油数亿吨；中国人彻底甩掉了“贫油国”的帽子，让外国佬们刮目相看也！

铁人王进喜与第一口油井

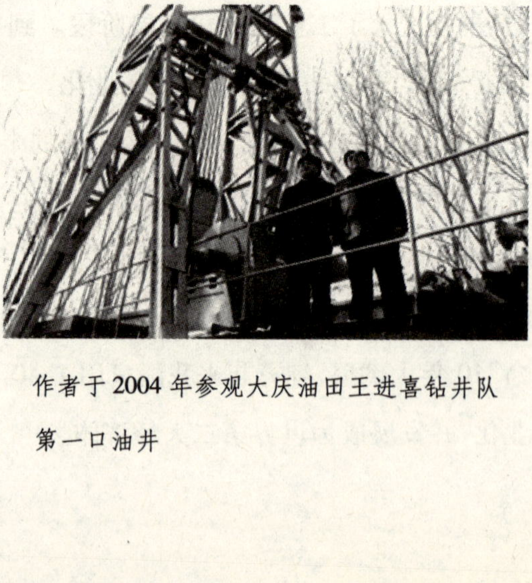

作者于 2004 年参观大庆油田王进喜钻井队第一口油井

中国的煤炭资源新中国成立前多被日本等资本帝国主义侵略者们所霸占，强迫中国人为他们出苦力。外国侵略者在中国掠夺煤炭数千万吨。

新中国成立之后，国家收回了煤炭矿山主权，有计划地开采。安徽的两淮煤矿、内蒙的准噶尔鄂尔多斯大煤田、新疆煤炭储量17亿吨，华北煤田等丰富的煤炭资源，为国人造福焉。

铁矿资源新中国成立前未能得到充分的开采，国民党政府时期，年产钢铁4万多吨。

新中国成立之后，中国人自力更生，依靠自己的聪明智慧，找到许多矿山，并计划开采。目前，年产各种钢材6500多万吨。是世界上钢产量最多的国家，为国家的经济建设和国防装备提供了有力的保障。

鞍山钢铁公司

首都钢铁集团

宝钢公司

马鞍山钢铁公司

水力资源在前章节已作论述，不再论述了。

另外，我国还有诸多稀有贵金属资源，如世界上少有的稀土矿，凹凸棒黏土矿、铝、铅、铜、锡等矿产品资源，新中国成立后也得到有效的保护和开采，为新中国的经济建设和国防现代化装备作出了极大的贡献。

西南铝业有限责任公司

中国——伟大哉！中华人——伟大哉！

伟大哉——中国！伟大哉——中华人！

新中国成立之后，从上世纪50年代起，国家制订了发展国民经济第一个五年计划，实行土地改革，实现“耕者有其田”，广大贫苦农民欢欣鼓舞，农村经济得到逐步恢复与发展。

当时，世界上两个超级大国——苏联和美国进行军备竞赛，妄图称霸世界。新中国的领导者们为了国家的安全，积极吸引留学美国的钱学森、邓稼先等优秀人才回到伟大的祖国，在条件极其艰苦的情况下，研究先进的防御装备。1964年10月，我国第一颗自主研发的原子弹试验成功。紧接着，氢弹试验成功，第一颗人造卫星上天，这就是为世人所关注的“两弹一星”工程。

新中国成立初期的科学技术成就，在以毛泽东主席为领袖的新中国政府领导下，以钱学森、邓稼先等人为首的爱国科学家们克服意想不到的困难，取得了伟大成就，他们为新中国初期经济发展和国防事业作出了巨大的贡献！

1964 年 10 月　我国第一颗原子弹试验成功

我国现代科学功臣自左至右依次为:邓稼先 孙家栋 朱光亚

上世纪 60 年代中期至 70 年代中期,中国内地发生了 10 年动乱。开国领袖毛泽东先生错误地发动了“文化大革命”,使一大批为中国革命作出重要贡献的功臣领袖们,受到无情的批判和人身摧残,时任国家主席刘少奇先生被迫害含冤致死。这一场浩劫,一大批知识分子亦受到审查、批判、斗争,使新中国的国民经济建设倒退到几乎崩溃的边缘。

1978 年 12 月,中国共产党召开了十一届三中全会,彻底否定了“文化大革命”,是卓越的中国共产党人、中国人民的好儿子——英明伟大的邓小平先生拨乱反正，引领国家逐步走上以经济建设为中心的正确道路。邓大人高瞻远瞩，积极倡导改革开放，并明确指出“科学技术是第一生产力”。

中国改革开放三十多年来，我国的科学技术飞速进步。中国工程院院士——袁隆平先生发明水稻高产新技术，是农业科学家们对人类生存的巨大贡献！

中国工程院院士——袁隆平

中国的航天技术也同样迅速前进，从人造卫星到宇宙飞船，到载人航天，2012 年 6 月 16 日下午 6 时 37 分神舟九号载航天员 3 人扶遥直上，实现了神舟九号与天宫一号对接成功。作为中华人无不为此欢欣鼓舞，亦令西方世界震惊。可以预测，不远的将来，中国人登上月球的日子不会太远了。

刘洋　　景海鹏　　刘旺

吾辈真诚希望我国的后N代们继承先辈们的伟业，继续把中国的科技事业推向更高的水平。

以上论述，仅仅是伟大祖国历史的简要陈述。我国台湾已逝学者柏杨先生曾经庄重地说："我们的国家只有一个，那就是中国。我们以当一个中国人为荣，不以当一个王朝人为荣。当中国强大如汉王朝、唐王朝、清王朝时，我们固以当一个中国人为荣。当中国衰弱如南北朝、五代、宋王朝、明王朝以及清王朝末期，我们仍以当一个中国人为荣。中国——我们的母亲，是我们的唯一的立足点。所有的王朝只是中国的王朝，所有的国，都是中国的另一种称谓。"（柏杨著《中国人史纲》。山西人民出版社2009年7月。）

高速公路网

2.8 人权与自由民主

1919年的"五四运动"，一般认为是一次反帝反封建的爱国运动。提倡科学与民主，反对封建文化专制统治，这无疑是一次巨大的爱国民主的争取人权的正义运动。但当时提出了"打倒孔家店"的错误口号，台湾的南怀瑾先生曾经指出：孔家店里是中国优秀的传统文化，是国人的精神粮食店，你把它打倒了，粮食店被查封了，中国人到哪里去寻找精神补品？所以，我认为“五四运动”提出打倒“孔家店”，应是打倒宋儒的“存天理，灭人欲”的伪儒家学说，根本不是2500多年前的孔子创造的儒家思想，实际上是中华优秀传统文化遭到的又一次大波折矣。直到上世纪60年代的“文化大革命”，更是一次对中国传统文化的严重摧残。中国人的思想被搞乱了，西方思想意识趁机而入焉。

1978年12月，中共召开了十一届三中全会，清算了“文化大革命”十年动乱的种种错误理论，拨乱反正，我国的社会主义经济文化建设又迎来了新的春天！

1949年10月1日，毛泽东主席站在北京天安门城楼上，向全世界庄严地宣布：中华人民共和国中央人民政府成立了！亿万劳动人民翻身解放，当家做主人了，新中国的经济建设迈出了新的步伐。

新中国是由中国共产党人领导劳苦民众，经过20多年的英勇奋斗，流血牺牲，推翻压在国人头上的三座大山，而建立的人民自己的政府。人民的政府自成立之日起，就把“为人民服务”作为最高宗旨。

1949年10月新中国成立之后，中国共产党领导广大人民群众，进行民主改革，继承孙中山先生提出的“耕者有其田”的政治主张，实行土地改革，废除封建地主土地所有制，让一直处于旧社会最底层的亿万劳苦农民群众获得了土地。

紧接着，国家开始实行第一个五年计划，为新中国经济发展和国防建设，奠定了基础。

新中国是人民当家做主的国家。新中国的执政党——中国共产党代表最广大人民群众的意愿，团结爱国的各民主党派，为新中国社会主义经济建设共同奋斗。

国家的最高权力机关是全国人民代表大会；中国人民政治协商会议是中国共产党领导的、多党合作的议会组织，各民主党派积极参政议政，建言献策，共同为中华民族伟大复兴贡献聪明才智。

作为炎黄子孙的后代，对我国的政治体制应有所了解和认识，就连外国许多朋友对中国的民主政治也充分肯定。美国《大西洋》网站不久前刊登发表了斯坦福大学胡佛研究所资深研究员戴蒙德先生论述中国实行民主政治的文章，引起许多网友的评论。一位名叫帕什莱的朋友指出：民主真谛何在？看一看希腊、意大利、爱尔兰、或许还有美国，为何这些国家的政府愈发执行愚蠢的政策，而中国政府却能够尽力服务于经济繁荣！他认为："西方民主并不能保证自由、尊严和发展，它可能滋生贪婪、破坏性的资本主义、合法性的腐败、经济压迫以及对本国及外国公民的剥削。"

西班牙中国问题专家马埃斯特罗先生指出：中国之所以能够取得经济发展极大成绩，与中国领导人坚持走符合本国国情的道路是分不开的。他认为，中国的人民代表大会制度是中国根本的政治制度，是与时俱进的、具有充沛活力的政治制度，是有益于中国发展和稳定的政治制度。

美国加利福尼亚大学伯克利分校的政治学教授凯文·奥布赖恩认为，"中国人民代表大会制度变得越来越自信。人民代表大会允许有不同的声音"。

英国的48家集团俱乐部主席佩里先生认为："中国的人民代表大会制度与政治协商模式，是与西方不同的民主模式。是适合中国的现状与文化、历史传统的民主模式。"

非洲肯尼亚一智库主管詹姆斯·什克瓦提先生认为："中国的政治模式很好地让中国获得了现在的全球大国地位，这也得益于中国古老文明深厚的文化底蕴为中国人提供了政治滋养和智慧。"

澳大利亚霍巴特大学教授伊万·盖特尔先生说："中国的人民代表大会制度与西方的两院议会制度不同，具有明显的中国特色。"他认为：中国是一个地域辽阔、人口众多的国家，稳定是非常重要的。中国的建设、改革开放和发展，需要一个稳定的社会环境，这种环境需要有一个稳定的政治体制作保证。中国的人民代表大会制度正是符合中国国情的政治制度。

印度尼赫鲁大学中文系教授狄伯杰先生赞扬说：中国的全国人民代表大会制度自确立以来运行良好，近3000人的全国人民代表大会是世界上最大的立法机构，来自不同阶层的代表很好地体现了民意。全国人民代表大会为人民行使权利提供了有效平台。（以上资料选自《符合国情的政治制度》，《人民日报》2012年3月5日第3版。）

早在2500多年前，孔子就指出："君子之于天下也，无适也，无莫也，义之与比。"（《论语·里仁》第35页。）无适：没有专门规定一定要这样。义：宜，合情合理，适合。比：挨着，靠近。

孔子之意是说：君子对于天下国家的事情，如何去做，没有固定的模式，要求一定要这样做，不能那样去做。而应当研究如何适合情理，就能去做。

民主在世界上绝没有固定模式。世界上凡是民主成功的国家，都是依据自己国家的实际，把民主深深植根于民众之中。让广大民众有生存权、公民权，即选举权、被选举权、参政议政权，话语表达权、监督权……中国执政党和中央政府的目的，是实行世界上真正的民主，全国人民代表大会的代表中就有一定比例的基层劳动农民、工人、知识分子，他们参加一年一度的全国人代会议，坐在北京人民大会堂，和国家领导人一起，讨论国家发展大计。世界上任何国家议会议员都是有一定财产资格的，社会最底层普通劳动者是根本不可能进入议会参政议政的。

钱永言同志是安徽省明光市的一位渔民，2008年被选为全国人代会代表，每年3月出席全国人代会议。

钱永言代表在全国人代会上

山西省的申纪兰，是一位勤劳朴实的农村普通妇女，先后九次被选为全国人大代表。

申纪兰

所以，世界上各国政治制度不同，实行民主的方式亦不尽相同。西方某些人对中国人权指手画脚，无端干涉中国内政，实在是无稽之谈焉。我们绝不能照抄照搬西方的所谓民主自由模式，否则，国家要变色的。希望后N代们认真领悟伟大孔子之教诲，懂得中国的适合国情的民主模式，拥护国家的政治制度——全国人民代表大会制和中国共产党领导下的多党协商合作模式，这个民主政治制度是不容置疑的。

早在2000多年前、古希腊的哲学家毕达哥拉斯曾经说过："不能制约自己的人，不能称之为自由的人。"（星汉编著《世界上最经典的哲学故事》176页　中国华侨出版社2011年6月。）

德国哲学家歌德指出："一个人只要宣称自己是自由的，就会同时感到他是受限制的。如果你敢于宣称你自己是受限制的，你就会感到自己是自由的。"（同上书177页。）

德国伟大的哲学家黑格尔指出："无知者是不自由的，因为和他对立的是一个陌生的世界。"（同上书178页。）

从以上三位哲学大师对自由（民主）之论述可以看出：所谓自由民主都是有前提的，个人自由必须在法律保护和制约下，才能得到充分的自由。世界上任何一个国家的公民享受民主自由的同时，必须受制于该国法律。

现今人们一般认为美国是自由民主国家，其实他们的民主是富人拥有的权利，而普通民众的所谓民主是有限度的。进入美国国会当上议员的都是有一定财产的有产者阶级，老百姓无一人能当上参议员或众议员。美国由于优越的地理环境，周边无有对立国家，所以美国统治者在世界各地疯狂地掳掠资源，不惜对诸多国家的平民百姓狂轰滥炸。所以我们认为，美国的所谓自由民主是建立在屠杀他国民众，掠夺他国资源的基础上的。

如何才能获得真正的自由？我们可以从佛家静心禅定过程去体悟。一个人只要做到静心、思虑，使自己的精神获得快乐，这才能称得上自由，一个人精神自由才是真正的自由！

新中国成立短短60多年时间，其间，虽然执政党犯过错误，有过失误，但执政党本身有勇气，依靠自身和广大人民群众的力量，很快得以纠正。尤其是自1978年党的十一届三中全会召开，至21世纪初始年代，短短30年的时间，社会经济、科技文化发展速度令世人惊叹。尤其是在重特大自然灾害发生之际，执政党能够集中力量应对处置受灾民众。如2008年、2010年相继发生的四川汶川大地震和青海玉树大地震，党中央、国务院迅速果断作出安排，举全国之力，数十万抗震大军快速集结奔赴地震灾区，夜以继日地抢险救援。这是世界上任何国家所无法做到的事实啊！正如先圣孔子所言："为政以德，譬如北辰居其所而众星共之。"（《论语·为政》第10页。）共：拱，围绕。

2010年3月，非洲利比亚发生动乱，中国政府火速调集各方力量，把在危邦利比亚3万多中国劳工迅速撤回祖国；2012年3月，中国援建企业工人在非洲刚果一军工厂大爆炸时，6人遇难，20多人受伤，中国政府决定迅速把他们接回祖国。真正体现了执政党和国家领导人以民为本的执政思想。这是世界上任何国家所不及的。

中国政府接回在利比亚工作的劳工，图为刚下飞机的劳工亲吻祖国大地。

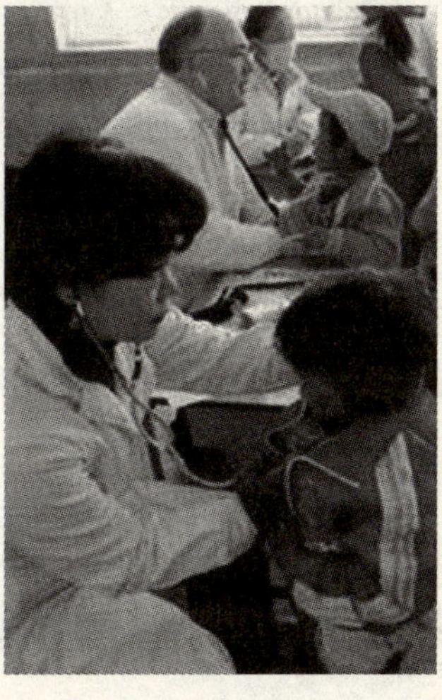

我国在国际上的地位逐步提高，中国制造，已为世界所公认，贸易出口多年顺差。中国上海振华港口机械集团股份有限公司生产的世界最大的4台集装箱岸桥，于2012年3月6日出口到德国北部的威廉港，这是全球目前唯一能跨越25排集装箱进行作业的集装箱岸桥。

中国人依靠自己的智慧，研制出1500米海洋钻井台平台，可钻探3000～7000米深度，必将为我国开采海洋油气资源，产生巨大的效益。

1500米钻井平台

我国的人民币在国际贸易结算中，越来越被世界重视。尼日利亚中央银行于去年9月决定把人民币作为本国的外汇储备，他们已将等值5亿美元的外汇储备转换成人民币储备充分说明，非洲朋友相信中国政府的金融政策是稳定的。

2011年，在世界金融危机的冲击下，我国国内生产总值达47.2万亿元，比2010年增长9.2%；公共财政收入10.37万亿元，增长24.8%；粮食产量57121万吨；城镇新增就业1221万人，城乡居民可支配收入分别增长8.4%和11.4%。这是世界上任何国家所无法比拟的。

中国执政党和政府坚持以民为本，把百姓所思所想所急放在第一位。

仅2011年，中央对“三农”投入超过1万亿元，比2010年增加1839亿元。中央继续推进农村危房改造，关注农村百姓饮水安全，使6398万村民喝上了清洁水；60万无电村民用上了电。

近年来，中央加大对教育的投入，国家拨款160亿元，给2600万偏远山区的孩子配基本营养餐，这在世界上也是罕见的啊！国家还免除3000多万农村学生的住宿费；1228万名中西部家庭困难的学生享受生活补助。

国家积极稳妥地推进城乡医疗保险，有1.3亿城乡居民参保。国家对老百姓的医疗保险投入由120元提高至200元，真正造福于民焉！

所以，我国的后N代们对执政党和中央政府应充满信心，对祖国的进步应感到欢欣鼓舞，对未来应充满希望焉！

本章小结

本章共6节。主要是论述中国的历史，论述新中国人民民主政治的先进性和优越性，目的是让中国的后N代们认识伟大的母亲——中国，热爱伟大母亲，拥护中国共产党领导的、人民当家做主的人民政府和社会制度，世代不忘我是中国人！期望后N代们遵从伟大的先哲——孔子之教诲，效先贤，立弘志，保护好母亲，建设好国家。

信义仁智 守正厚德 勤勇毅忠

3 孔子——中国儒学第一人

3.1 孔子——伟大的先哲

早在1988年，世界诺贝尔奖获得者们在法国巴黎发表了庄重的《宣言》称："人类要想生存下去，就必须回到25个世纪以前，去汲取孔子的智慧。"这是世界上知识精英们对孔子多么崇高的评价啊！

世界上研究孔子的著作非常之多，介绍孔子学说思想的作品亦随处可见。为了帮助后N代们认识世界上四大先哲之一——孔子，笔者以孔子七十五代孙——孔健（又名孔祥林）先生所著《新论语》一书中所记载之史料，并参考司马迁的《史记·孔子世家》记述，综合如下。

孔子（前551——前479），名孔丘，字仲尼，东周春秋时期山东鲁国人，享年73岁。其父叔梁纥先娶妻妾生九女一子，子患残疾跛足。在叔梁纥64岁时，娶了年仅17岁的颜徵在为三房妾，婚后一年在曲阜郊外生下孔子，可能因年龄悬殊，世人认为"与礼不合"，故后被司马迁称为"野合"。

孔子三岁时老父离世，丢下娇妻和幼子。孔子由年轻的母亲抚养教育，可能在孔家遭受歧视和排挤，孔子只好随母亲到外公家居住。母子相依为命，过着辛劳简朴的生活，母亲教育孔子学习一些乡间礼仪和劳动技能，年少的孔子帮助母亲维持生计，逐渐养成勤劳简朴的优良品质，故孔子后来说："吾少也贱，故能多鄙事。"

孔子十五岁志于学，开始勤奋读书，树立远大志向，积极探索社会人生。

孔子十七岁那年，相依为命的慈母去世，为了生活下去，完全靠自己拼搏；十九岁娶妻宋亓（qí 意为物体底座　下部基础）氏，二十岁得子，时鲁国国君鲁昭公送鲤鱼贺喜，故孔子给儿子取名孔鲤（伯鲤）。

孔子二十岁应当时鲁国权臣季氏之请，到他家管理仓库，二十一岁担任乘田吏，管理农田畜牧种养殖业。此间孔子办事非常认真负责，开始显示办事之才能。

孔子二十二岁设教于阙里，颜回、子路等皆受学于此，这应是孔子兴学办教育之开始。孔子不但自己勤奋好学，“入太庙，每事问”，“三人行，必有我师”。而且教学生学习六艺（礼、乐、射、御、书、数），读诗、书、礼、乐、易、春秋。孔子逐渐成为世人敬仰的伟大的教育家，被后人誉为“万世师表”。实现“三十而立”之愿望。

孔子三十六岁因受鲁国权臣季氏之排挤，随鲁昭公入齐国，齐国君听信谗言，不用孔子，只给生活待遇。孔子看到在齐国难以施展治国之才能，四十三岁返回鲁国。四十五岁与南宫敬叔适周考察则度，此间问礼于老子。（《道德经》著者　道家学派始祖。）

孔子在周短暂停留，即返回鲁国，远方求学弟子日众。孔子四十八岁（或曰五十一岁），任中都宰（县令），五十二岁担任司寇，治乱政大夫少政卯，人心大快哉！五十四岁继续担任司寇，五十五岁辅定公于夹谷会齐侯。孔子用智慧和胆略挫败齐侯之阴谋，收鲁失地，大胜齐。

孔子履政之才遭齐侯暗算，派人到鲁国挑拨离间，并用金钱美女腐蚀鲁国君和季氏权臣，鲁国君终日不理朝政，且疏远孔子。此时孔子感到鲁国从政无望了，于是决定率众弟子开始长达十三年的周游列国颠沛流离之生活。

十三年之旅途，几经险恶，在陈国被困几乎断粮；在卫国险遭桓魋加害。师徒跑散后又相聚，颜回、子路等众弟子对孔子之忠心溢于言表也。

孔子六十九岁回到鲁国，从政无望，开始集中精力整理夏、商、周三代之诗、书、礼仪之典籍，著《易辞》，为中国古代文化传承作出了不朽的贡献。

伟大的孔子一生可谓壮志不酬，渴望为恢复周朝之礼仪却屡遭权臣们拒绝，宏大而美好的政治愿望不能实现，何故？有一天，孔子与子路、颜回、子贡等弟子言："《诗》曰：'匪兕（sì 独角的犀牛）匪虎，率彼旷野。'吾道非邪？吾何为于此？"子路曰："意者吾为仁邪？人之不信吾也。意者吾未知邪？人之不行吾也。"孔子曰："有是乎！由，譬使仁者而必信，安有伯夷、叔齐？使之者而必行，安有王子比干？"

子路出，子贡入。孔子曰："赐，《诗》云：'匪兕匪虎，率彼旷野。'吾道非邪，吾何为于此？"子贡曰："夫子之道之大也，故天下莫能容夫子。夫子盖少贬焉？"孔子曰："赐，良农能稼而不能穑，良工能巧而不能顺。君子能修其道，纲而纪之，统而现之，而不能为容。今而不修而道而求为容。赐尔志不远矣！"

子贡出，颜回入见。孔子曰："回，《诗》云：'匪兕匪虎，率彼旷野。'吾道非邪，吾为何于此？"颜回曰："夫子之道之大，故天下莫能容。虽然，夫子推而行之，不容何病？不容而后见君子，夫道之不修也，是吾丑也；夫道即已大修而不用，是有国者之丑也。不容何病？不容而后见君子也！"孔子欣然而笑曰："是有哉，颜氏之子！是而多才，吾为尔宰！"（马玉琴主编：《二十五史·史记·孔子世家》延边人民出版社第150页。）

上述史料记载孔子与弟子子路、子贡、颜回交谈不得志之原因，三位弟子分析以颜回为最恰当中肯，孔子乃仁者智者，不被国家任用，非孔子之过，非孔子之不足也，是国家之耻也。

孔子七十岁读《易》，致"韦编三绝"，是年子孔鲤卒，乃老年丧子，悲哉！次年，孔子最为器重之弟子颜回早逝。此二子离世，对孔子精神之打击非常之大。接着，具有仁义品质的子路为"忠义"而战死，使孔子的精神到了崩溃的边缘。公元前479年夏历4月18日午时，伟大的孔子方扶逍遥之门而仙逝，时年73岁。

早在1988年，英国学者汤恩比博士曾经指出：释迦牟尼、孔子、苏格拉底、耶稣为世界四大先哲。其中释迦牟尼和耶稣分别是佛教、耶稣教的始祖，孔子是中国儒家学派的代表（某些学者称之为儒教），苏格拉底是古希腊的哲学家。

释迦牟尼

孔子

耶稣

苏格拉底

关于孔子的生平，国内外研究孔子的学者著述很多，我在《论语与商道》一书中，曾作了较详细的记述，这里再次向后N代们作上述介绍，目的是让后N代们进一步了解孔子平凡之身世，理解孔子坎坷之一生，学习孔子伟大之品格，传承孔子不朽之精神。

3.2　世人对孔子的评价

孔子一生平凡而又伟大，虽历遭奸佞权臣之妒忌，求仕不得，报国无门。但是，孔子之思想令世人敬仰，伟大精神和崇高人格在吾中华民族世代相传二千多年，亦为近代世界各国贤者所公认。

子贡是孔子弟子门人中有名望的贤者，是中国古代经商货殖“善猜度”，“亿则履中”之典范。并善于外交，说服吴、齐、楚等国家的国王，使鲁国免于战争灾难。后来，有人欲诋毁孔子，在子贡面前说他比孔子高明，贤于孔子。子贡曰：“譬如宫墙，赐之墙也及肩，窥见室家之好。夫子之墙数仞，不得其门而入，不见宗庙之美，百官之富。得其门者或寡也。……”子贡又云：“君子一言以为知，一言以为不知，言不可不慎也。夫子(指孔子)之不可及也，犹天之不可阶而升也。夫子之德邦家者，所谓立之斯立，道之斯行，绥之斯来，动之斯和。其生也荣，其死也哀，如之何其可及也?”(程昌明译注《论语·子张》第214、215页　山西古籍出版社2001年6月)

子贡

德国近代哲学家汉斯·约阿西姆·施杜里希曾经这样评价孔子："孔子是最有影响的中国思想家，或许也是有史以来所有哲学家中对后世影响最大的一位。……他是一个古老的贵族家庭的后裔，这个家族姓孔，经过两千五百年的世事变迁，他们一直延续至今。时至今日，孔子的后代已达一万有余。他的中文名字孔夫子，意思是'孔家的大师'。（汉斯·约阿西姆·施杜里希著《世界哲学史·古代中国哲学》第49页　山东画报出版社2007年7月。）

中国台湾学者劳思光先生曾经论述道："孔子于周末（即周朝末年）创立儒学，方是中国最早的哲学。所以，就时间次序说，孔子即是第一个建立中国哲学理论的人……孔子乃中国最早哲学家，因孔子最先提出一系统性自觉理论，由此对价值及文化问题，持有确定观点及主张。……从哲学史立场看，应承认孔子是中国哲学之创立者。"（劳思光著《新编中国哲学史·孔孟与儒学》第一卷第75页　广西师范大学出版社2007年6月。）

冯友兰先生曾经说过："孔子是中国历史上大量招收私人学生的第一人……是儒家学派的创始人。……他以经书包含的各种知识教诲学生。作为教师，他认为首要任务是向青年学生解释古代的文化遗产。……对于个人的品质，孔子强调仁和义，尤其是仁。"（冯友兰著《中国哲学简史·孔子第一位教师》第35、36、37页　新世界出版社2007年9月。）

台湾知名国学大师南怀瑾先生在上世纪70年代曾经指出："孔子学说

的可贵，毕竟是万古长青，永远颠扑不破。……至于孔子学说与《论语》本书的价值，无论在任何时代、任何地区，对它的原本意义，只要不故加歪曲，始终具有不可摧毁的不朽价值……”（南怀瑾著《论语别裁》第3、4页　复旦大学出版社1990年4月。）

美国前总统里根先生曾经说过：“孔子的高贵行为与伟大的伦理道德思想不仅影响了他的国人，也影响了全人类。孔子的学说世代相传，为全世界人民提供了丰富的为人处世原则。”（拙著《论语与商道·绪论》第2页　江西人民出版社2010年6月。）

联合国秘书长潘基文先生说：“在我的一生中，我一直受孔子、孟子思想的影响，目前孔子的很多教诲仍在为我指引方向。”“潘基文的公文包里，经常放着学习《论语》的小卡片。”（拙著《论语与商道》第2页。）

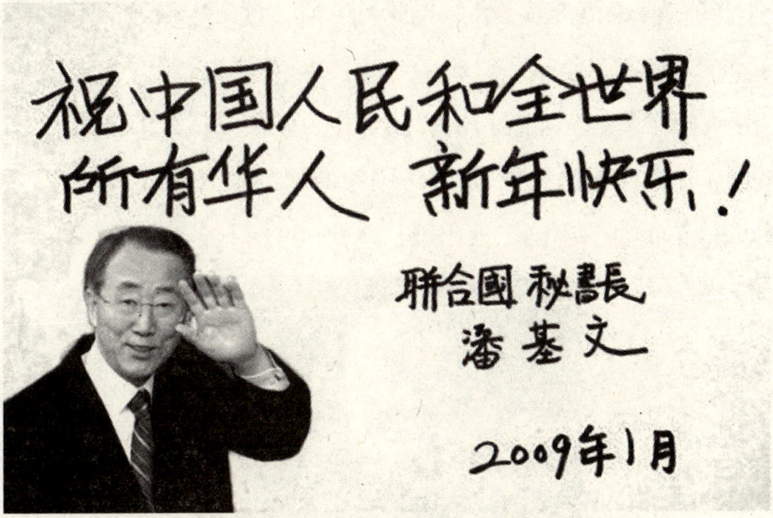

潘基文先生写的中文汉字

综上所述，可以充分肯定地说：孔子是中国古代儒家学派的创始人，是中国历史上第一位教育工作者，是中国第一位哲学家和伦理学家。孔子的理念“体现最高境界道德品质”。（美国会议员格林先生语录。）他和弟子们多年的谈话，在他仙逝五十多年后，由弟子们回忆记录整理，诞生了中国儒学第一书——《论语》。

3.3 《论语》——治国化人

《论语》一书是孔子和他的学生们的谈话记录，是中国儒学第一书，是治国化人之宝典。

世界尤其是东亚研究《论语》的专家学者数不胜数，解读《论语》的专著似夏夜繁星，浩如烟海。正如北京大学教授魏常海先生所论述："孔子是儒家学派的创始人，《论语》是儒学第一书。两千五百多年来，《论语》浸透着中华民族的心灵，铸造着中华民族的精神形象。……"（拙著《论语与商道》前言　第1页　江西人民出版社 2010 年 6 月。）

中国哲学学会学者李泽厚先生指出："《论语》是中华文化的某种'心灵'所在。我至今以为，儒学（当然首先是孔子和《论语》一书）在塑建、构造汉民族文化心理结构的历史过程中，大概起了无可替代、首屈一指的作用。"（李泽厚著《论语今读》第 1、2 页　生活·读书·新知三联书店 2008 年 2 月。）

国学大师季羡林先生曾指出："儒学作为中国最优秀的文化之一，是一条维系世界优秀文化的纽带，是中华民族的深刻恒久的心灵力量。"（孔健著《新论语》第 1 页　中国工人出版社 2009 年 1 月。）

季羡林先生

日本前首相福田康夫先生说过："作为常识，每个人都应该学习《论语》，让它成为人生的哲学。"

台湾学者黄俊杰先生指出："在东亚儒学史上，对《四书》的研究一直是儒学发展之所以日新又新的源头活水。《论语》在中国儒学史中，更是居于核心之地位。"17 世纪的日本学者伊藤仁斋先生把《论语》推崇为至极至上"宇宙第一书"。（黄俊杰著《德川日本论语诠释史论》第 1 页　上海古籍出版社 2008 年 11 月。）

日本现代管理思想家伊藤肇先生说："日本企业家只要稍有水准的，无不熟读《论语》，孔子的教诲给他们的激励影响至巨，多得不枚胜举。……"所以，近年来日本学者把《论语》视为"荒漠中的甘泉，滋润着人们的心田"。北尾吉孝先生称《论语》等儒家经典是"教养东洋人的根子"。

3.4　孔子学院——世界文化交流的纽带

2004 年，世界上第一个孔子学院在韩国首尔成立。2007 年，孔子学院总部在中国北京成立。目前，世界上有近百个国家开设了孔子学院 350 多所。这些孔子学院利用汉语教学，培养各国汉语人才。同时，积极传播中国文化，宣传中国建设成就，起到中外文化交流的积极作用。

北京孔子学院总部成立

美国纽约孔子学院揭牌

非洲孔子学院

本章小结

本章主要论述孔子的伟大和儒家思想，目的是期望后N代们遵从伟大先圣孔子之教诲，学习儒家优秀文化之宝典，传承先哲之思想，立身做人，弘志做事。

4 效先贤　立弘志

4.1　任重道远

我们的祖国虽有数千年的文明史，尤其是新中国诞生有60多年，国家经济科技社会建设取得了举世瞩目的巨大成就。但是，我们的国家人口众多，资源有限，且受到世界资本帝国主义国家的围堵，内外部环境复杂多变，各种不确定因素会随时爆发，定会增加国家建设事业的种种困难。

所以，我国的后N代们要遵循伟大先哲孔子弟子——曾子之教诲："士不可以不弘毅，任重而道远。仁为己任，不亦重乎？死而后已，不亦远乎？"（程昌明译注《论语·泰伯》第81页　山西人民出版社2001年6月。）士：这里指读书人。

曾子，孔子学生72贤者之一，孔子孙子子思的老师，比孔子小46岁。他后来作《大学》，孔子孙子子思（作《中庸》）的老师，成为孔子儒家学派的继承者。

曾子之意是说：读书之人要有宽广的胸怀，坚强的意志，远大的目光。要明白责任之重大，道路之遥远。要把实现仁德作为自己肩负的责任，实现仁德的责任是非常之重大的！为了让天下实现仁德，要努力到死，也绝不后悔，这也是很遥远的。

程树德先生在其《论语集释》一书中引【集解】包曰："弘，大也。毅，强而能决断也。士弘毅，然后能负重任致远路也。"又言孔曰："以仁为己任，重莫重焉。死而重已，远莫远焉。"

【集注】：弘：宽广也。毅：强忍也。非弘不能胜其重，非毅无以致其远。仁者人心之全德，而必与以身体而力行之，可谓重矣。一息尚存，此志不容少解，可谓远矣。”（程树德撰《论语集释》第2卷第525页　中华书局2008年2月。）

上文引证《集解》《集注》论述“弘”“毅”之意，可否理解为知识分子即“士”，要具有弘远的志向，宽广的胸怀，坚毅的品格。只有具备弘和毅的品格，才能肩负重任矣，亦才能战胜前进道路上的艰难险阻，克服种种困难，排除各种阻力。这是中国当代为“士”者不可或缺的民族精神焉。

我国后N代知识分子要做仁者，而仁者不惑，仁者不惧，仁者无敌也。即使在征途上遇到风险，也要有毅力，不畏艰难，不怕牺牲。做到“以仁为己任”，为国家，为民族的兴旺发达，鞠躬尽瘁，死而后已。伟大的孔子就是中华民族千百万优秀知识分子即“士”的榜样！

“士”：在中国古代是一个阶层，介于卿大夫和庶民之间。古时候亦指未婚男子，也指读书人，如士林、寒士、进士等。“士”的本义指会办事的人，引申为士兵，兵车上的甲士，是最低的军衔，目前军队中士官分数级。在古代指对道义或勇武有研究的人。旧社会知识分子也称“士”。（周斌等编《新华大字典》790页。商务印书馆2011年8月。）

弘：表示大，光大，扩充，扩大，弘扬。实现宏愿，宏图大略。

毅：果断；坚决，毅力；刚毅，毅然决然，办事果决，果断，不拖泥带水。（《新华大字典》第1022页。）仁：爱，友爱，同情，仁爱；仁政。儒家最高的道德标准。（后文详述之。）

我国古代两三千年前，据说每十个青年中推选出一人出来为公众服务，这即是士。被选为士的人，要接受政府教育，学习法和礼，如果当了官，就叫出仕。这里曾子所言之士，不是普通之士，而是古代知识分子的通称。

曾子希望读书人“不可不弘毅”，就是要求具有宏大的思想，超凡的气度，具有浩然之气和远大的目光，不可短视，要志向恢弘。做事要果断，就是现代管理学者们所说的决策力、执行力。“把眼光、见解、果断、决心加起来的‘弘毅’，而且中间还要有正气，立场公正。……一个知识分子要养成‘弘’和‘毅’是最基本的条件。”（南怀瑾著《论语别裁》第390页　复旦大学出版社 1990 年 4 月。)

“任重而道远”:这里的“道”是指道路,也是指国家前途,社会发展道路,经济文化繁荣目标的实现,是很遥远且漫长的。我国历史上许许多多爱国志士仁人,为了国家的前途,民族的命运,为之奋斗,抛头颅洒热血,死而后已!

曾子

我国宋代大儒程颐曾经说过:“所见所期,不可不远且大,然行之亦须量力有渐。志大心劳,力小任重,恐须败事。”(星汉编著《世界上最经典的哲学故事》第 119 页　中国华侨出版社 2011 年 6 月。)

这就是说,人尤其是青年人要有远大的志向,要有人生前进的目标。但须量力而行,不可盲目。

挪威童话大师易卜生说:“在这个世界上,最坚强的人是孤独的只靠自己站着的人。”(同上书　第 184 页。)

人要胸怀大志,才能坚强地活着,立志是活着的前提。一个没有志气或失去志气的人,就像断了脊梁骨,无法直立,好似一摊泥土。法国作家雨果曾说过:“我宁愿靠自己的力量打开我的前途,而不愿求有力者的垂青。”(同上书 185 页。)

释迦牟尼佛说:“以自己为岛屿、为舟航、为明灯。”(同上书 201 页。)

这就是佛祖教诲人类要为自己设立岛屿，制造舟航，安装灯塔，担负起拯救世界的重任。

4.2　志士仁人颂

中国几千年的文明史，在儒家思想的教化下，涌现出许许多多志士仁人。他们为国家为华夏民族事业，担当大任，开拓疆土，抗击外国入侵，立下了不朽的丰碑。现列举几位先贤之业绩，供后N代们效法之。

海上第一位开疆志士——郑和。

明朝成祖朱棣年代，废除了朱元璋闭国排外政策，从公元1405年至1433年，派郑和率领武装船队从印度洋出发，先后7次下西洋，到过亚非30多个国家和地区，最远到达非洲的东海岸和红海沿岸。把南中国海和印度洋置于中国的控制之下。这是我国历史上最为壮观的对外经济文化交流活动。郑和是一位了不起的仁人志士，被后人誉为我国古代对外交流的友好使者，开疆拓土的民族英雄！

附表：郑和7次下西洋

次数	起讫年	所达国家	注
1	1405—1407	占城　爪哇　苏门答腊 锡兰山　旧港 柯枝	1407年在旧港擒国王陈祖义，斩于南京
2	1408—1411	占城　爪哇　满拉加　苏门答腊 翠兰屿　榜葛剌　锡兰山　柯枝 古里	1409年在锡兰山擒国王亚烈苦奈儿，送到南京，后又放回。
3	1412—1415	占城阇(dū)婆　旧港 苏门答腊　锡兰山　甘巴里 柯枝　古里　忽鲁谟斯　彭里	1413年，在苏门答腊擒前王之子苏干剌，斩于北京。
4	1416—1419	占城　爪哇　满拉加　苏门答腊 渤尼彭亨　溜山国　阿丹 忽鲁谟斯　柯枝　竹步	

5	1421—1425	占城　苏门答腊 祖法儿 天方 木骨都束 不拉哇 竹步	
6	1424—1425	占城 旧港	
7	1430—1433	占城 爪哇 旧港 苏门答腊 翠兰屿　古里　忽鲁谟斯 祖法儿　阿丹　天方　木骨都束 不拉哇 暹罗	

以上资料出自台湾学者柏杨先生著《中国人史纲》

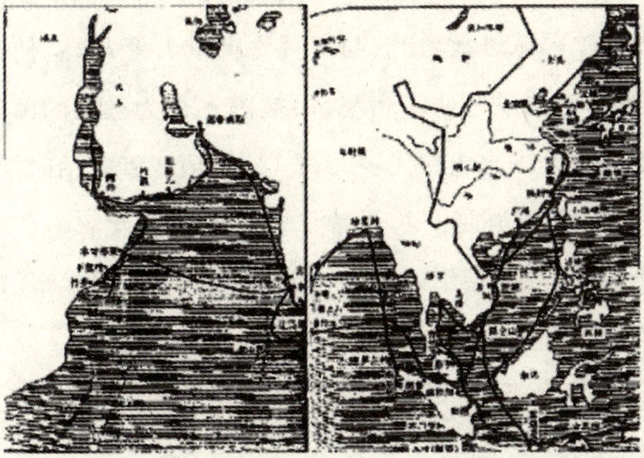

郑和7次下西洋路线图(引自柏杨著《中国人史纲》第404页。)及抗倭英雄——戚继光

倭寇:即日本海盗,是由日本武士和商人组成的武装集团。从公元14世纪末叶到15世纪30年代,日本海盗不断对中国东南沿海进行侵犯。从公元16世纪20年代到60年代,是明王朝最黑暗的时期。日本海盗不停对中国沿海变本加厉地进行掠夺,直到1564年,明朝抗倭名将戚继光率领戚家军团一举荡平了倭寇。

戚继光:山东登州人。将门出身。17岁承袭父亲出任登州卫指挥官,担负起防御倭寇的重任。他立下了"封侯非我意,但愿海波平"的誓言,决心抗倭。他到浙江义乌招募矿工和农民3000多人,组成"戚家军",进行严格的训练。他根据倭寇善于在沼泽地用长枪作战的信息,创造出一种特别战车，叫"鸳鸯车"，教练新军对敌作战。1561年，戚继光率领"戚家军"在浙江台州地区九战九胜，倭寇惨败。1562年，又率领戚家军团驰向福建、广东等地，与俞大猷一起，剿灭倭寇海盗，使我国东南沿海平静80多年。

郑成功收复台湾

自16世纪起，西方欧洲的西班牙、葡萄牙、荷兰等国先后对我国东南沿海进行侵犯。17世纪初，西班牙、荷兰相继占领了我国台湾北部和南部。后来，荷兰人赶跑了西班牙人，独自霸占了台湾。

荷兰殖民者在台湾实行掠夺，欺压我台湾同胞，激起台湾人民的多次反抗。1661年，郑成功率领军队进攻台湾，与荷兰军队展开激战，迫使荷兰殖民者于1662年投降。郑成功收复了台湾，后被国人誉为杰出的民族英雄。他是中国历史上诸多爱国志士的代表人物。到了清王朝统治时期，自1840年至1949年一百多年的时间里，无数优秀的中华儿女志士仁人们，为了救亡图存，甘洒热血，前赴后继与外国侵略者进行了英勇斗争，写下了气壮山河的英雄赞歌。人民英雄永垂不朽！

郑成功收复台湾

1840年，外国侵略者发动了可耻的鸦片战争，虽然清廷腐败，但有良知的爱国知识分子官吏如林则徐，在广州开展禁烟运动，深得百姓拥护。抗英名将关天培，为捍卫祖国的国土，英勇杀敌，在虎门壮烈捐躯。1894年的甲午海战，邓世昌率领700多名官兵与日本侵略军队进行顽强的战斗，终因寡不敌众，军舰被日本鱼雷击中沉入大海，壮烈牺牲。

希望中国后N代们要学习弘扬先辈们为民为国的远大志向，继承他们的遗志，磨炼筋骨，志于学，读好书，将来肩负起保卫祖国，建设美好家园的重任。

林则徐虎门销烟

关天培守卫虎门炮台

甲午海战

邓世昌

4.3 立志高远

我在调查问卷中问及青年学子们对未来理想之想法，其中28人对人生未来有远大理想；有16人目标不明确。下面还是请大家共同学习孔子先哲们的教诲，效法圣贤们立志之记载。

孔子曰："士志于道，而耻恶衣恶食者，未足与议也。"(《论语·里仁》第35页。)耻：以……为耻。恶：粗陋。足：值得。

孔子之意是说：虽然立志探求真理，但却以吃得不好，穿得不好为耻的读书人，是不值得和他们谈论志向的。这些士们不会有所作为的，他们很可能是鼠目寸光，口头上夸夸其谈，而做起来就变样了。

前文所举历史上的志士仁人，大都胸怀大志，不以穿得好，吃得好为追求目标。郑和30多年7次率领船队下西洋，其间历经艰辛，不言而喻也。1407年曾被番邦出卖，夜间被包围，处境非常危险，但郑和机智破敌，生擒番邦国王押回南京处斩。郑和不仅大智亦大勇也。

青年人要立志。明代大儒王阳明先生曾说："志不立，天下无可成之事。"(方德岩著《儒之说·人生哲理与中庸之道》第133页　当代世界出版社2009年6月。)儒家要求士者做到：正心、修身、齐家、治国、平天下。把治国平天下作为人生最大目标，所以，青年人立志要远大，不仅为小家，更要为大家，为民族为国家。孔子的志向是实现"老者安之，朋友信之，少者怀之”。天下大同也,不患寡而患不均,不患贫而患不安。这是多么崇高的理想和人生观啊!

明代大儒张载(横渠)先生提出:“为天地立心,为生民立命,为往圣继绝学,为万世开太平。”明末清初启蒙思想家黄宗羲提出:“天下为公……天下非一家之私。”近代中国改良派梁启超先生提出:“天下兴亡,匹夫有责。”(方尔加著《儒之说·人生哲理与中庸之道》第130页。)

中国的明王朝,从和尚出身的朱元璋做皇帝开始,就违背了佛家慈悲为怀的思想,稍有不顺之臣就会被廷杖致残致死。蓝玉、方孝儒案,被诬陷致死者多达数万人。王阳明在1508年即明正德年间,因其开罪宦官刘瑾,遭诬陷受廷杖40大棍,充军到贵州偏远山区的龙厂。这里荒无人烟,生活极其艰苦,而且举目无亲,几乎无有衣食可言。真是上天无路,入地无门焉,思想苦闷已极。

在生死彷徨之际,王阳明想到了晋朝的刘琨、祖逖二人的爱国之志,“闻鸡起舞”,后为抗击匈奴立下了战功。于是,王阳明立志“悟道”,坚持下来。后被朝廷重新起用,带兵破敌。多年的人生磨难,王阳明悟出“知行合一”的哲理,创造“知良知”哲学思想,并教育弟子们继承儒家思想。

立志要坚定,实行要坚持。立了志,未必能成功,关键是持之以恒,矢志不移,坚持不懈。为实现志向目标,即使是赴汤蹈火,也在所不辞焉。有一副古对联云:有志者事竟成　破釜沉舟　百二秦关终属楚;苦心人天不负　卧薪尝胆　三千越甲可吞吴。这是两个典故,说的是楚王项羽所向披靡,率军首先攻入咸阳,秦王朝灭亡。越王勾践卧薪尝胆,甚至于舔吴王夫差的粪便,终于三年报仇,打败了吴国,雪了亡国之耻辱。

《易经》云:“泽无水,困,君子以致命随志。”此意是说君子即使处在逆境中,即使是付出生命,也要随志焉。有大志,方能成大业;胸无大志者,必一事无成也。

张载先生说过:“志小则易足,意足则无由进。”是说人的志向若小,就会不思进取,稍稍有一点成绩就心满意足了,这样的人是不会有所长进的。

尤其是青年人要树立远大理想，确立人生目标。士以天下为己任，以国家民族大业为重，为己立志之目标，切不可目光短浅，更不能耻衣耻食，否则，不可与议也，没有必要和胸无大志之徒谈天下之事焉。

大家耳熟能详的西汉时期的司马迁，因受李陵案牵连下狱。受宫刑后，痛苦万分，但他决心继承父志，以坚强的毅力，在狱中写出我国第一部编年史——《史记》。

世界上诸多伟人胸怀远大志向，不达目的誓不罢休。

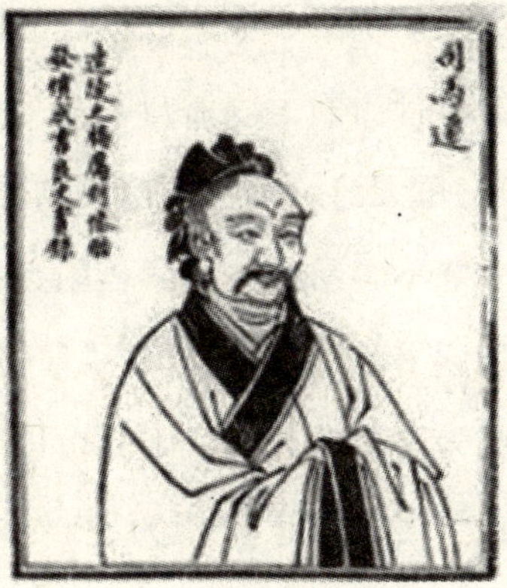
司马迁

中国改革开放总设计师——英明的邓小平先生，在战争年代同许多老一辈革命家一样，历经千辛万苦，为中国人民的解放事业，转战南北东西，挺进大别山，解放大西南，立下了不朽的功勋；新中国成立后，担任国家重要领导职务。在“文化大革命”期间，几次被打倒，后平反复出，不计个人恩怨，胸怀国家民族大志，为中国社会主义建设绘画出壮丽的宏伟蓝图。尊敬的邓小平先生必将永远活在中国人民和后N代们的心中焉！故而后N代们要为实现远大志向，脚踏实地，立志于学，专注求知读好书。

4.4 苦难磨炼天才

孔子曰：“吾十有五而志于学，三十而立，四十而不惑，五十而知天命，六十而耳顺，七十而从心所欲，不逾矩。”（程昌明译注《论语·为政》第10页　山西古籍出版社2001年6月。）

这是孔子为自己几十年的人生所做的规划。孔子十五岁开始立志学习文化知识，因十五岁之前在古代应是孩童时期，没有现在读书方便，村村通公路，汽车随处可开进村子里去，小孩子一般二三岁就送到附近的幼儿园，接受学前教育。到了六岁就可以读小学一年级，十一岁升初级中学读书，十五岁升高中了。这时孩童时期基本结束，经过九年的读书学习和教育，应当懂得一些文化知识和做人的道理。所以，到了十五岁，就要努力学习。“志于学”就是立志读书学习各种知识，刻苦钻研，用功读书。

《三字经》曰：“昔孟母，择邻处，子不学，断机杼。”孟子是我国儒家第二代传人，与孔子并称为孔孟。孟子三岁丧父，是他的母亲抚养教育。据说因家境贫穷，无固定住所，母亲为给儿子选择好一点的住处，三次择邻。第一次找到坟场附近的一间小屋子，因每天听到死人办丧事哭泣之声，给孟子幼小的心灵造成不好的影响，孟子不认真读书，孟母一气之下，把织布的机杼折断了。孟母决定重新选择地方居住，找到一处屠宰场附近住下来，每天清晨都听到杀猪的嚎叫声，给幼小的孟子造成杀气腾腾的感觉；最后好不容易在一所学校附近找到了屋子，母子二人安心住下，孟子每天听到读书的声音，启发了孟子立志用功学习读书。到了战国时期，孟子终于成为著名的大儒。因此可以告知后N代们，你们今后选择居住地点要遵从孔子之教诲：“里仁为美。择不处仁，焉得知？”知：智。也就是说，居住要有好的环境，选择高智商区居住，对子孙后代儿童少年的学习成长大有益处的。

颜回是孔们弟子中最用功的学生。有一天，孔子问子贡曰：“女与回也孰愈？”对曰：“赐也何敢望回！回也闻一以知十。赐也闻一以知一二。”子曰：“弗如也，吾与女弗如也。”（程昌明译注《论语·公冶长》第44页 山西古籍出版社2001年6月。）这是孔子对颜回的称赞。女：汝。

子贡谦虚，在孔子面前说自己不如颜回聪敏，颜回闻一知十，他自己闻一只能知一二。孔子赞同子贡之言，并称自己和子贡一样，都不如颜回聪敏。

孔子称赞颜回曰：“贤哉，回也！一箪食，一瓢饮，在陋巷，人也不堪其忧，回也不改其乐。贤哉，回也！”（《论语·雍也》第58页。）箪（dān）：古代盛饭的竹制器皿。堪：忍受。

颜回家境贫苦，住在十分简陋的破房子里，吃的是糠菜，喝的是凉水，常人不堪其忧，忍受不住艰苦之生活，而颜回却把精力专注于读书学习。

三十岁发早白，虽然清贫，但很快乐。颜回刻苦学习之精神，鼓舞着、激励着我国千百年来读书之莘莘学子们。

所以，孔子曰："学而时习之，不亦说乎！"（《论语·学而》第1页。）说：悦。读书既要动脑子，下工夫，刻苦钻研，有时废寝忘食。一旦把原理搞明白了，内心感到无比的喜悦！故而孔子曰：学而时习之，科学安排读书学习时间，每一天从早到晚，每一年四个季度，每一个人生阶段，都要安排好学习计划。活到老，学到老，让学习快乐每一天，快乐一生焉！

与颜回相反，孔子有个学生叫宰予，白天上课他躲在寝室里睡觉。孔子批评他说："朽木不可雕也，粪土之墙不可圬也。于予与何诛?"子曰："始吾于人也，听其言而信其行；今吾于人也，听其言而观其行。于予与改是。"（《论语·公冶长》第44页。）圬(wū)：抹墙。诛(zhū)：责问、谴责。

老师都喜欢勤奋的学生，而宰予却不努力读书，引起孔子不高兴。把宰予比喻是块朽木，不可雕也；是粪土之墙，不可抹也。"于予与何诛?""于"是说对于……""予"是指宰予，"与"意思是我对宰予还能谴责什么呢。诛：谴责。所以孔子自责说：以前，听宰予之言就信其行，以后对人要听其言观其行，谨防被巧言佞语蒙蔽。对人的了解不仅要听其言，更要观其行，这是孔子自己总结的认识理论。后N代们在和社会上各种人打交道时，一定不能只听其言，必须观其行矣。才不至于受骗上当。所以孔子说："于予与改是。"意思是对于宰予这样的人，我的看法改变了。

孔子本人就是一位勤奋好学的先哲。他在十五岁时，就精通六艺。孔子不但研究古代夏、商、周三代之典籍，七十岁读《易》韦编三绝，致使装订《易经》牛皮绳断了又断，可见孔子研究古籍文献是非常之用功的。

孔子还不断地向社会学习。"三人行，必有我师焉。""入太庙，每事问。"向老农请教种田技术，向老圃请教种菜学问。"不耻下问。"孔子这些良好的勤奋好学之品格，实乃我国人尤其是后N代们之楷模也！

子曰："我非生而知之者，好古，敏以求之者也。"孔子说：我不是一生下来就有知识的，"好古"即我喜爱古代文化，通过自己的勤奋，努力求得来的。所以,我非生而知之也。

子曰:“盖有不知而作之者,我无是也。多闻,择其善者而从之,多见而识之,知之次也。”(《论语·述而》第74页。)盖:大概。识:记住。次:差一等、次一等。

孔子之意是说:大概有的人不知事情真实情况,就凭空去创造,我是不会这样做的。要多听别人意见,多请教他人,选择其中好的有益的知识加以整理。把和他人交流的事物记住,这也是在学习知识。这就是社会上人们常说的“听君一席话,胜读十年书”的道理。

孔子有一天问子路。子曰:“由也,女闻六言六蔽矣乎?”对曰:“未也。”“居!吾语女。好仁不好学,其蔽也愚;好知不好学,其蔽也荡;好信不好学,其蔽也贼;好直不好学,其蔽也绞;好勇不好学,其蔽也乱;好刚不好学,其蔽也狂。”(《论语·阳货》第191页。)居:座。贼:害。绞:尖刻刺人。

孔子之“六言六蔽”,就是指人的六种品德和六种弊病。仁、知(智)、信、直、勇、刚等均是指人的品德;愚、荡、贼、绞、乱、狂等是指人的六种弊病。好的品德是人的修养,与好学分不开的;一个人只有通过学习实践,才能养成六种优良的品德。不学习,光想做好人,往往适得其反,就会产生六种毛病,给自己、家人亲朋、乃至于社会国家带来严重的后果。

曾子曰:“以能问于不能,以多问于寡;有若无,实若虚。犯而不校。昔者吾友尝从事于斯也矣。”(《论语·太伯》第80页。)

曾子之意是说:自己有才能,向没有才能之人学习请教;学识丰富的人向没有学问的人请教;自己即使有学问,也要向没有学问的人请教。假如别人冒犯了我,我也不要去计较。曾子说,从前他有位朋友就是这样做的。

这里曾子既讲到做人要谦虚,即使有知识也要向无知识的人请教,自己知识再多也要向知识少的人请教,不能骄傲自满。也就是古人所言:“谦受益,满招损。”

宋代改革家王安石学习读书非常专注。有一次,一位朋友对他夫人说：王安石喜欢吃兔肉，夫人不明缘由，问朋友何故。那位朋友说：有一天吃饭，王安石面前摆放一盘兔肉。吃饭时他不看桌子上的其他菜肴，就低着头只吃那盘兔肉。夫人吩咐第二天吃饭时，换一盘菜放在王安石面前，王安石还是只吃面前的菜，他根本不知道桌子上有兔肉。王安石在扬州任太守，读书通常通宵。这种学习专注之精神实在难能可贵焉。

毛泽东小时候有一个舅舅开书馆，一有空毛泽东就去看书听课。八岁时，毛泽东开始在自己家附近的小学堂读书，只读六年书。平时放学回家帮助父亲干农活。十四岁那年，父亲就不让他读书了，回家种地了。尽管毛泽东不乐意中断学业，但父命难违也。老年毛泽东的卧室里床头边，堆满了各种书籍。司马光的《资治通鉴》，据说毛泽东读了十七遍，并且作了大量的批注。

16 世纪英国哲学家弗朗西斯·培根曾经说过："读书为学，可以用来娱乐消遣、装饰文采和增长才识。……读书可以使人头脑充实，讨论使人思维敏捷，写作和笔记使人精确严谨。"（刘永升主编《培根论说文集》第198—199 页　大众出版社 2009 年 3 月。）

培根分析人们读书的目的：有的人为了消遣娱乐；有的人为了装饰文采；有的人为了增长才识。三种读书目的，各有各的用处。例如，读书为了娱乐消遣，往往是身居独处，自我欣赏，修身养性；读书为装饰文采，大都是在社交公众场合，言谈举止文雅，显得自己有文化修养。读书为增长才识，这应是最重要的。通过读书学习，提高自己的识别力、观察力、判断力和处理问题的能力。有的青年认为，靠个人天赋，获得知识和才干。天资聪敏，或与上辈遗传有关，或与家庭环境有关。但世界上由于靠天资聪敏而成才的人，几乎没有一个成功的典型。大科学家爱因斯坦、乔布斯、比尔·盖茨等名人，大都是后天个人勤奋学习的结果。记得俄罗斯的大作家高尔基曾经说过："天才出于勤奋。"

培根指出："如果一个人很少做笔记，那么他就必须有很好的记性；如果他很少与人讨论学问，那么他就必须天资聪敏；而如果他读书读得很少，那么他就必须具备狡黠变诈的才能，才可强不知以为知。”（刘永升编《培根论说文集》第199页。）

社会上巧言令色投机取巧之徒，他们一般藐视读书；愚鲁无知之徒可能羡慕读书，进学堂习读文化；世界上只有聪敏睿智的人，喜好读书。“因为书本自身并不能教人如何运用它们；这种运用之道不在书中，而在书外。是由观察体会才能得到的。”（《培根论说文集》第198—199页。）也就是说：不要死读书，读死书。要善于观察社会万事万物，多思考，多问几个为什么。重视书本，但不迷信书本。话说回来，后N代们不读书将无以立也。古人云：“书中自有黄金屋，书中自有颜如玉。”似乎读了书，就有高楼别墅，读了书就有美女老婆了。这种读书目的至少太短视了，读书既为自己父母家庭，光宗耀祖，为祖宗争光，更是为国家社会出力，“以仁为己任”这应是我华夏青年后N代们读书的根本宗旨焉。

子曰：“学而不思则罔，思而不学则殆。”（《论语·学而》第15页。）罔：蒙蔽，欺骗。则：那么。殆：疑惑。

孔子教育学生们要读书，但不要死读书，读死书，不动脑筋，就会被蒙蔽，被欺骗。如果整天坐在家中关起门来苦思冥想，不接触社会，钻牛角尖，就会疑惑不解。

子曰：“攻乎异端，斯害也已。”（《论语·学而》第15页。）攻：研究，专心致志钻研某种学问。异端：指不符合科学和仁、义、礼、智、信的学说、见解。

孔子说：一心去攻读那些错误的学说，会越陷越深，很可能堕入歧途，甚至于走向反面。尤其是青少年缺乏识别能力，而那些错误的违反人类科学的东西，往往具有很大的诱惑力和欺骗性。所以，孔子告诫弟子们勿要攻乎异端邪说，否则会害了自己的。

孔子曰：“君子有九思：视思明，听思聪，色思温，貌思恭，言思忠，事思敬，疑思问，忿思难，见得思义。”（《论语·季氏》第184页。）

“君子九思”，这是孔子对弟子们做学问之教诲，是逻辑思维哲学，也是人们观察事物、认识事物之辩证唯物论认识论的方法论焉。从读书上理解，看书学习，对书本上的内容，要思考，听老师讲课要听明白，遇到不懂的问题要“疑思问”，要考虑如何请教别人。孔子不仅要求弟子们对事物要看得明白，勿要走马观花，还要从他人的语言、面貌、态度、表情等方面加以观察。

读书学习是个艰苦的脑力劳动，获得先进的文化知识要付出巨大的精力消耗。在成才的道路上，只有下工夫磨炼筋骨，才能大展弘志焉。

有人说苦难成就天才，天才热爱苦难。

德国哲学家尼采说过：“受苦的人，没有悲观的权利。”（星汉编著《世界上最经典的哲学故事》190 页　中国华侨出版社 2011 年 6 月。）

美国哈佛学者爱默生先生指出：“伟大的人物总是被当成小人物看待，当他坐在占有优势的椅子中时会昏昏睡去；当他被摇醒、被折磨、被击败时，便有机会学习一些东西。”“我们的力量来自我们的软弱，直到我们被戮、被刺，甚至被伤害到疼痛的程度时，才会唤醒包藏着神秘力量的愤怒。……”（同上书 192 页。）

青年人成才之路绝不会一帆风顺的，弯弯曲曲，泥泞坎坷，荆棘丛生，蛇蝎满地。面对如此之险恶环境，勇敢者进，懦弱者退，强者经过苦难磨炼更加坚强。古今中外历史上大有作为的人，无一不是经过磨炼而获得最后胜利的。正如战国时期儒家代表人物——荀子在《劝学》文中指出的那样：“锲而舍之，朽木不折；锲而不舍，金石可镂。”

太宰问于子贡：“夫子圣者与？何其多能也？”子贡曰：“固天纵之将圣，又多能也。”

子闻之，曰：“太宰知我乎？吾少也贱，故能多鄙事。君子多乎哉？不多也。”（《论语·子罕》第 89 页。）太宰：古代官员名称，辅佐君主治理国家。这里的太宰不知是谁。固：本来。

这里讲的是当时有位叫太宰的政府官员，可能是子贡的朋友。有一天这位太宰问子贡：你的老师孔夫子真是一位圣人，他的知识为何这样的渊博？样样事情都会，才能多多的。子贡把太宰问的话转告给孔子，孔子听了太宰称赞他的话，就说，你们以为太宰真的了解我吗？他是不了解我的。因为我是个孤儿出身，从小就过着艰苦的生活，对社会下层知道比较多。

前文在介绍孔子身世时，我们知道孔子三岁丧父，跟着母亲回到外婆家过着清贫的日子。母亲教他学会一些农活和技艺，接触社会下层劳动者。所以孔子说："吾少也贱，故能多鄙事。"

《论语》里记载：子畏于匡，曰："文王既没，文不在兹乎？天之丧斯文也，后死者不得与于斯文也；天之未丧斯文也，匡人其如予何？"（《论语·子罕》第88页。）畏：拘囚。

《论语》记载：孔子一行在陈绝粮，从病者莫能兴。子路愠见曰："君子亦有穷乎？"子曰："君子固穷，小人穷斯滥矣。"（《论语·卫灵公》第167页。）愠（yùn）：恼怒，不高兴。

上面两章都是讲孔子在五十六岁开始周游列国，十三年的颠沛流离，途中经历过多次磨难。史书记载：伟大的孔子前半生求士无门，得不到鲁国君信任，遂于五十六岁率众弟子周游列国。五十七岁，乙巳，周敬王二十四年。孔子和弟子一行离开卫国到陈国，经过匡这个地方（即河南省中原濮阳境内），可能因为孔子貌似鲁国的季氏保镖阳虎，因之前阳虎曾经带人到匡地骚扰、抢劫，匡人恨阳虎。这次匡人误以为又是鲁国的阳虎带人来骚扰，于是就把孔子及其弟子们围困七天，几乎断粮，形势非常之危险。孔子弟子子路责问孔子：君子也有穷乎？欲拔剑与匡人奋战，被孔子劝阻，并叫子路弹琴而歌，孔子和之，曲三终，匡人听得琴声，明白不是阳虎，于是解甲撤去围困之人群，乃得免于一场灾难，孔子和弟子们又回到卫国住在朋友家里。

孔子在卫国，因卫灵公夫人南子邀孔子随车同游，遭弟子子路的责怪，子路疑孔子会被风流南子拉拢，孔子赌咒矢之曰：我如果与南子有染，"天厌之，天厌之"。意为让老天爷处罚我吧，让天处罚我吧。

古语云："国清才子贵，家贫小儿谦。"世界人类历史长河中，凡是成大业、做大事者，几乎都是经过艰苦的磨炼站起来的。俗语说："温室里长不出大树。"就是指一个人要想立志做大事，做成事，做好事，必须亲身经过苦日子，先知苦而后知甜，才能成才矣。

鲁国有位贤大夫公夫文伯的母亲敬姜，对儿子要求非常之严格。她认为人要接受劳苦之磨炼："劳则思，思则善心生；逸则淫，淫则忘善，忘善则恶心生。"（南怀瑾著《论语别裁》第597页　复旦大学出版社2008年5月。）

汉朝（西汉）历史上有名的"文景之治"时的文帝，即刘恒，由于吕后外戚专权，年幼的刘恒和其母子幸免于死罪，被遣送到西北边疆，隐姓埋名，过着几乎是奴隶般的生活。文帝放过羊，经受过风沙袭击的磨难，跟随母亲学习黄老之学。后来，吕后死去，首都西安群臣在霸州桥跪迎文帝入朝做皇帝，文帝非常谨慎谦虚，给迎候的大臣下跪，不敢接玉玺。这个史实说明：由于文帝遭受过磨难，饿过体肤，劳过筋骨，了解社会底层人民之疾苦，所以他做了皇帝之后，接受贤臣贾谊之《治安策》，实行诸多休养生息的好政策。文帝死后，他的儿子景帝继位，在大臣晁错的帮助下，削诸藩之势力，巩固中央政权，继续实行让利于民的政策，社会安定，经济发展，成为汉朝历史上最好的朝代——"文景之治"。

目前，后N代们大多为独生子女，许多家庭达到中产阶级的生活水准。家庭富有，孩子容易骄傲，因这些独生子女小宝贝过着饭来张口，衣来伸手的娇惯生活。更有的富家子弟不好好读书学习，靠老爸老妈官位权力耀武扬威，无视他人，有的甚至胡作非为，吸毒、醉驾，无视国家法律，被公安机关关押审查教育。

美国西点军校，是培养、磨炼人的摇篮。世界上500强的企业中，有1000多名董事长、2000多名副董事长、5000多名总经理、董事均是从西点军校毕业的。其中，美国还有三位总统毕业于西点军校。它不仅磨炼出数以千计的美国海陆空军事指挥家，还为美国培养了近万名企业大公司的总裁CEO。这些企业家们担当美国企业的大任，他们的经营之道为全世界树立了榜样。

西点军校告诉学员："要学会在没有路的地方开辟出路来，从没有桥的地方过河。没有什么能够阻止你的行动。只有经过种种困难的磨炼才能成为最终的强者。……西点人从不会因为暂时的逆境而放弃行动。他们坚信：只要继续努力，就一定能战胜逆境迎接胜利的曙光。"（杨乐著《西点军校给青年的16个忠告》第67页　台湾海鸥文化出版图书有限公司 2007年5月。）

所以，我们要谨记"亚圣"孟老夫子之言："天将降大任于斯人也，必先苦其心志，劳其筋骨，饿其体肤，空乏其身，行拂乱其所为，所以动心忍性，曾益其所不能。"（杨伯俊译注《孟子·告子章句下》第298页　中华书局 2008年3月。）

传说，舜做天子之前，曾经种过地，做过建筑工人，劳动人民出身。过苦日子，劳筋骨，饿体肤，锻炼他的吃苦耐劳的坚忍性格。所以舜了解社会底层劳动人民，做天子皇帝之后，受到百姓爱戴。

以上列举先人舜、孔子、西汉文帝等人在人生旅途经受的磨难，因而后来他们可谓名垂青史焉。尤其是伟大的孔夫子，为全世界所敬仰，这是我中华民族的伟大骄傲和自豪焉！

中国共产党以毛泽东先生为领袖的第一代领导精英们，继承了我国先辈们的坚忍不拔、不屈不挠的精神，弘大志，以仁为己任。他们为拯救国家民族的危亡，进行了长达20多年的浴血奋战。他们几乎所有的人都经历过饿体肤，磨筋骨，出生入死，为中华民族的解放而流血牺牲。中国革命历史上著名的两万五千里长征，红军将士爬雪山，过草地，吃树皮草根，还要和围追堵截的敌人作战。是先辈们用生命和鲜血，换来了今天中国人民的解放翻身，当家做主人！新中国的建立、成长、发展、兴旺的历史，是千百年来无数先辈们历经磨难、流血牺牲而获得的。

中国先人们从盘古开天地，到三皇五帝创造华夏文明，经过几千年沧桑，直到20世纪中叶，是中国共产党领导中国人民，推翻了压在头上的三座大山，继承民主革命先行者——孙中山先生之弘志，把一个贫穷落后的旧中国，建设成为世界第二大经济体。中国人自立于世界民族之林的时代已经实现了！今后，我中华伟大事业的重任必将降至后N代斯人们！

4.5 把屈辱打击当动力

子曰："岁寒，然后知松柏之后凋也。"（《论语·子罕》第97页。）孔子之意是赞扬松柏之品格。到了冬天，寒风劲吹，大雪飘落，北方所有的植物几乎叶落纷纷，唯有松柏枝叶青青，经得住严寒的考验。孔子借以赞扬人的品格。艰苦环境是试金石，只有经过艰难磨炼，才能考验一个人的意志是否坚强。

德国学者克劳塞维茨指出："坚强是反映意志对猛烈打击的抵抗力，顽强则是指意志对持续打击的抵抗力。"（星汉编著《世界上最经典的哲学故事》第198页。）这里作者用了"坚强"和"顽强"两个词，一字之差，意义不尽相同。人们常说坚强的意志，顽强的拼搏，坚者硬也，顽者固也。猛烈打击而不垮，谓之坚强抵抗；持续打击而不垮，谓之顽强抵抗。一个人要想成才，既要经得起猛烈打击，更要经得起持续打击，多次打击。正如荷兰学者斯宾诺莎所言："意志和智慧是一个相同的东西。"（同上书201页。）

只有经过猛烈打击和持续打击，才能"勇敢地成为你自己"。（尼采语录。）

美国前总统罗斯福先生在中年时期已成为参议员，可是却得了一种奇怪的毛病，整天呆在家里不能行动，进出都要坐轮椅让别人推着或抬上抬下。他内心遭到无情的打击，几乎想隐退还乡。经过激烈的思考，后来他每天晚上偷偷地练习爬楼梯。

一天，他对家里人说，他要表演上楼梯给大家看。家里人将信将疑，看他表演。原来他先用自己手臂的力量，支撑身体，慢慢挪到台阶上，紧接着把腿拖上去。他咬紧牙关，坚持一级一级地爬上楼。母亲心疼自己儿子如此艰难折磨自己，就对儿子说别再爬了吧，而儿子却坚定地说：这是我的耻辱，我必须面对我的耻辱。后来，身体逐渐康复，并竞选为美国新一届总统。这就是人们常说的："自古英雄多磨难，从来纨绔少伟男。"

子曰："譬如唯山，未成一篑，止，吾止也。譬如平地，虽覆一篑，进，吾进也。"(《论语·子罕》第94页。)篑(kuì)：装土的筐子。

孔子比喻人生一世，犹如用土堆成一座山，如果多加一筐土，就能堆成一座山；在关键时刻如果停止了，就差一筐土，山难成型焉；譬如用土来填平地面，如果多一筐土，就能把地面填平，如若少一筐土，就不能把地面填平。

一个人的成长也是不断前进的。如果半途而废，那是自己造成的。不论是学业长进积累，还是事业宏图大展，都需要像堆山或平地那样，一筐一筐地添加，才能把山堆起来，把地填平整。这就是奋斗不止。

正如孔子谓颜渊曰："惜乎！吾见其进也，未见其止也。"(《论语·子罕》第94页。)孔子叹息颜渊早逝，真是太可惜了！同时称赞颜渊学习从未停止过，不断地进步。

人在前进途中要不时克服惰性。美国学者戴埃先生说过："所谓惰性，就是你无法按照自己的愿望活动的一种精神状态。"(星汉编著《世界上最经典的哲学故事》第206页。)

德国哲学家尼采说过："要真正体验生命，你必须站在生命之上。"(同上书　第210页。)中国古代的颜回就是站在生命之上的人！当代活雷锋——鞍山钢铁公司齐大山铁矿工人郭明义就是站在生命之上的人！正如伟大的科学家爱因斯坦指出的："真正有价值的东西不是出自雄心壮志或单纯的责任感，而是出自对人和对客观事物的热爱与专心。"(同上书　第193页。)

有位哲学家考验他的弟子，他问道：有一种东西速度非常之快，一瞬间可跑到银河系。这是什么？众弟子回答：这是人的思想。

哲学家又问道：有一样东西跑得比乌龟慢，时间已到春暖花开之时，可是他仍停留在冬天。这是什么？

弟子们不知如何回答。

哲学家又问道:不前进也不后退,没出生也不死,始终漂浮在一个固定的地方。这又是什么东西?弟子们仍然不知何物。

哲学家望着弟子们茫然的样子,解释说:三种东西的答案都是思想,亦可比喻三种人生。第一种是积极进取的人生,思想不停止;第二种是懒惰的人生;第三种是醉生梦死、苟且偷安的人生,这种人得过且过,不思进取。

本章小结

本章共6节,主要论述中国的后N代们要遵从伟大孔子之教诲,效先贤,读好书,磨筋骨,立弘志,积极求财求富,兴国安邦,建设强大而又美好的物质文明和精神文明家园。

5 儒家授人以渔

5.1 儒家爱智慧

伟大的孔子是儒家哲学学说的创立者。儒家哲学和世界上其他优秀的哲学一样，叫人爱智慧，开启人的心灵，启迪人的思维。《论语》20 篇 512 章，15937 个字，字字精金美玉，掷地有声。《论语》句句充满了人生哲理。可以毫不夸张地说：《论语》是中国哲学之母，它不仅教人如何做人、识人待人，还教人学会思考，研究做事的方法、策略，它能够授人以渔。

伟大的科学家爱因斯坦曾经说过："如果把哲学理解为最普遍和最广泛的形式中对知识的追求，那么，哲学显然就可以被认为是科学之母。"（星汉编著《世界上最经典的哲学故事》第 10 页。）

司马迁在《史记》里记载有齐国国王和大臣田忌赛马的故事。国王和田忌各有上、中、下三匹马，比赛开始，各方上等马对上等马，中等马对中等马，下等马对下等马，第一回合比赛结果，田忌的马都输了，齐王扬扬得意。此时有人给田忌出主意，教他改变一下对阵顺序，即用下等马对国王的上等马，结果输了第一局；第二局田忌用上等马对国王的中等马，结果国王的中等马跑输了；第三局田忌用中等马对国王的下等马，结果国王的下等马又跑输了。

上述赛马故事，表面上看是三种马的比赛，实际上是人的智慧在博弈。田忌在高人的指导下，稍稍调整一下马的出场顺序，就赢了第二局比赛。这个田忌赛马的故事就是哲学智慧的体现。

《论语》中有关启迪人生智慧的内容非常丰富。譬如对富贵的论述，就是孔子哲学思想的经典。

5.2 富贵人之所欲

我对后 N 代调查问卷第 7 题，是问对财富和物质生活的理解：追求享受答者 14 人，追求富裕答者 20 人，追求清贫答者 0 人，过得去答者 9 人。看来多数人是追求富裕的，追求享受者前提是必须富裕，37 位受访者都希望富裕，只有少数人认为过得去即可了。

孔子曰："富与贵，人之所欲，不以其道得之，不处也。贫与贱，人之所恶，不以其道得之，不去也。君子去仁，恶乎成名？君子无终食之间违仁，造次必于是，颠沛比于是。"去：离开。恶（wū）与乌通，哪，怎么。终食之间：即一顿饭的工夫之意。造次：匆忙，急遽。（程昌明译注《论语·里仁》第 33 页山西古籍出版社 2001 年 6 月。）

富：其本意是指完备，财产丰足，丰厚、多，与贫、少、寡相对也。如富贵、富裕、富商富贾（gǔ）。恶：通乌，怎么，哪。

孔子儒家主张求富求贵，因为这是"人之所欲"。世界上人人都想有钱，都想富裕，都希望衣食饱暖，老者安之，少者怀之，家境宽裕。人人都不希望贫穷，终年衣食无着，吃了上顿无下顿。家里若突然来了远方的朋友，既无米，也无钱，急得团团转，哪里能"不亦乐乎"哉？

孔子儒家不是苦行僧人，不主张清贫。我在调查问卷中，问及青年学子对物质生活是追求享受？追求富裕？追求清贫？过得去？其中有 14 人答追求享受，有 20 人答追求富裕，有 9 人答"过得去"，无一人追求清贫。由此可以看出：青年一代大多数人是希望自己将来能富裕些，生活可以过得好一些。

孔子说富与贵是每个人所喜欢的，而贫穷是人人所厌恶的，不希望过贫穷潦倒的生活。但"不以其道得之，不处也。……不去也"。请大家注意"不处"和"不去"，只一字之别，何意？"不处也"，即不居也，不要也，不拿也，不得也，不享受也。因人的富贵有的以其道得之，就可得也；有的人通过不正当手段得到的富贵，是财富也是祸根，是福也是祸也。"福兮祸所伏，祸兮福所倚"。所以，孔子强调"依其道"得之富贵，是可以"处"的，而不以其“道”得到的富贵，是千万要不得的，绝不能享受的，必须“去”也，离开也。

君子如果因天灾或人祸，而造成贫穷，只有想方设法，努力奋斗，克服经济困难，才能逐渐摆脱贫穷。即使再贫穷，如颜子颜回，箪食瓢饮，人也不堪其忧，而颜回也不改其乐也。颜回看到当时鲁国政治黑暗，权臣腐败，宁可清贫，也不出仕当官，故而继续过着不改其乐之生活，这即是不去当官获得俸禄，不去贫穷之典范焉。也正是“邦无道，禄，耻也”。

俗语云：君子爱财，取之有道。富贵人之所欲，贫贱人之所恶，但要依据“道”取得富贵。这里的“道”是指“仁道”。

程树德先生引【考证】礼坊记“君子辞富不辞贱，辞贵不辞贫。……此言仁之所在，虽贫贱甘之。仁之所亡，所富贵去之。……不以其道得富贵，则仁者不处。”（程树德撰《论语集释》第232—233页　中华书局2008年2月。）

【集注】“不以其道得之，谓不当而得之。然于富贵则不处，于贫贱则不去，君子审富贵而安贫贱也如此。”（《论语集释》第233页。）

【发明】“常人之情，好富贵而恶贫贱。不知富贵贫贱皆外来之物，不能自主，君子所以不处不去者，正其达天之命之学。何者？福者祸之基，故无而得非分之位……无端而得意外之财，常人所喜，君子之所惧也。”（《论语集释》第234页。）

孔子曰：“富而可求也，虽执鞭之士吾亦为之。如不可求，从吾所好。”（《论语·述而》第68页。）

孔子之意是说：财富是可以去求的，即使我去给达官贵人执鞭赶车，或者拿着鞭子替富人看府库，我也乐意去做，挣得的财富是劳动所得，是光彩的，合乎道义的。假如不合义，如颜回，宁愿清贫，箪食瓢饮，也不改其乐也。故而孔子说，不以正道得之，我愿意做什么就去做什么好了。也就是说，在孔子看来，富贵既可求又不可求，关键看是否符合“道”。

不能空谈仁义，更不能鄙视金钱财富。孔子儒家不提倡苦行僧。是因为人类要生存、繁衍，国家要建设，国防要强大，人民要安居。正如孔子所言："老者安之，朋友信之，少者怀之。"（《论语·公冶长》第51页。）实现这些目标，都必须有丰厚的物质财富和资金投入。所以，金钱联系千家万户，关乎国计民生之大事，不能盲目鄙视金钱和财富。只有民富之，国库才能充盈，国家才能强盛，国民才能扬眉吐气，挺直腰杆说话，真正自立于世界民族之林也！

孔子曰："饭疏食，饮水，曲肱（gōng）而枕之，乐亦在其中矣。不义而富且贵，于我如浮云。"（《论语·述而》第70页。）疏食：粗糙的饭食。曲：弯曲。肱：胳膊。

孔子之意是说：即使是吃粗粮，喝白水，弯着胳膊当枕头，我也很快乐。用不符合道义之手段猎取富贵，对我而言，好像天上的浮云一样，无所谓！多么伟大的人格啊！

一个人的物质财富丰厚，不一定精神生活饱满。当代一些企业家腰缠万贯，豪宅别墅、豪车和高档家具、古玩字画，一应俱全，还有美女"二奶"相伴，就连保姆上街买菜，都开着广州本田车。这些富豪们的求财之道何如？他们对本企业员工的薪资如何给定？他们的精神富裕吗？

更有甚者，一些政府官员搞权钱交易，不择手段，捞取钱财。激起百姓之怨矣。有的被开除公职坐牢，有的被判死刑。

金钱和物质财富是可贵的，金钱本身是无罪的。但金钱又是非常危险之物，卑贱害人之物。仁者拥有金钱，孝亲爱民济众；贪嗔痴者拥有金钱纸醉金迷，挥霍无度，招致灾祸也，没有一个好下场焉，伤害父母，殃及妻子儿女，连累昆弟，弄得家人无法抬头，无颜见邻里乡亲焉。

英国哲学家弗朗西斯·培根先生早在16世纪说过："对于财富，我找不到更好的名词来称呼它，只能把它叫做'德能的包袱'。……因为财富对于德能来说，正如军队的辎重，它对于军队虽然是不可少的，也不可置后的，但是却会对行军有所妨碍；并且有时候军队可能会担心因为辎重而贻误战机，对胜利造成干扰。"（刘永升主编《培根论说文集·论财富》第128

页2009年3月。)培根先生用比喻军队和辎重之关系,对财富的论述,与我国孔子儒家对财富的精辟论述,何其相似乃尔。

所以,一定要遵循孔子儒家之教诲,树立正确的财富观,以“善道”求财求富。

5.3 真假财富

子曰:“笃信好学,守死善道。危邦不入,乱邦不居。天下有道则见,无道则隐。邦有道,贫且贱,耻也;邦无道,富且贵,耻也。”(《论语·泰伯》第83页。)见:通“现”,出现,显露。

孔子之意是说:要有坚定不移的信念,死守善道。善道即仁道也。对“仁道”要“一以贯之”地誓死固守。政局危险的国家不要去,更不要在那里居住,不仁者不可以久处。天下有道,政治清明的国家,就可以出来做官为政,开业经商;天下混乱就隐居,避免灾祸。国家政治黑暗,而自己利用不正当手段,获取财富,那是假财富,是可耻的;国家稳定,政治清明,自己不努力劳动,懒惰或经营不善,导致贫穷,也是可耻的。如孔子所言:“不义而富且贵,于我如浮云。”

所以,求富求贵,必以“其道得之”。这个“道”,既包含经商办企业之战略,经营项目之选择,求富目标之设定,企业运营思路之清晰;又要有竞争博弈战术之套路,企业人才之选择,激励机制之制定,“财散人聚”之措施……无论是兴业之战略,还是经营之战术,都必须符合孔子儒家之仁道也。

中国一些企业盲目到政局动荡的非洲投资建厂,如利比亚、苏丹、埃及、叙利亚等非洲国家。这些非洲国家内部局势混乱不堪,在这些国家投资建厂,他们内部宗教派别厮杀,炮火不长眼,不管你是哪国人,一旦打起仗来,你辛苦的投资就可能被战争所吞噬。利比亚战争之前夕,中国政府火速营救我国民工3万多人,一些企业数十亿元投资几乎付之一炬矣。所以,早在2500多年前,孔子就告诫人们,“危邦不入,乱邦不居也。”孔子之教诲,对当代求财求富的国人来说,仍然具有十分重要的指导意义。

宪问耻。子曰:“邦有道,谷;邦无道,谷,耻也。”(《论语·宪问》第149页。)宪:姓原,名宪,字子思,孔子的学生。谷:俸禄。

孔子学生原宪问老师什么是耻。孔子回答说:国家政治清明,百姓安居乐业,就可以出来做官,领取俸禄,这是合乎道义的;国家政治混乱黑暗,这时去做官,领取俸禄,是可耻的。与上文所述思想是一致的,“一以贯之”的。

子曰:“邦有道,危言危行;邦无道,危行言孙。”(《论语·宪问》第149页。)危:正,正直。孙:通逊,谦逊,恭顺。

这里孔子是说仁德言语和行为。如果国家政治清明,官员主政民主,语言能够正直,行为亦可正直;如果国家政治黑暗,官场腐败,行为要正直,语言要谨慎,言多必失,祸从口出,就会招致灾祸临头焉。这也是仁者在求财求富过程中,需遵循的言行之道也。

子曰:“宁武子,邦有道,则知;邦无道,则愚。其知可及也,其愚不可及也。”(《论语·公冶长》第49页。)

宁武子:卫国大夫,姓宁名俞,谥号“武”。孔子说:卫国大夫宁武子这个人,在卫国政治清明,国君治国有道时期,他就显得有智慧;在国君昏庸,治国无道之时,他就装得非常愚笨的样子。他的智慧,办事聪敏,别的人可能做得到,但他装着愚笨,一无所知;别的人可能就办不到了。

以上几个事例,是孔子分析智者所作所为,尤其是求富求贵,要考察国家政治形势,当权者是否廉洁,执政是否为民,办事是否公道。这些都与仁道有着密不可分的关系。与前文孔子所言“邦有道,则见;邦无道,则隐”甚至于“邦无道则卷而怀之”,去找个有桃花源的地方,过着悠闲自得的隐居生活,均是同一思想。也就是说,君子求富贵,离不开国家的政治状况,离不开执政者实行的政治制度焉。

所以,君子求财求富,邦有道(仁道),则知(智),得之,可处也;邦无道,则隐,则愚,可去也。而诚信乃仁道价值观之大本也。正如比尔·盖茨先生所言:“你活着的每一天,都应当努力地去追求财富。只要你制造的财富是正大光明的，你就会得到所有人的尊敬与赞扬。”（星汉编著《世界上最经典的哲学故事》第154页。）

中国的后N代们任重道远，承担着或将要承担着祖国未来建设之重任，要兴国安邦，使我华夏民族的国家继续永远立于世界民族之林。既要靠科学立国，更要靠实业兴邦焉。

现今社会，功利主义盛行，道德缺失，世界各地均物欲横流，尔虞我诈。正如伟大的孔子早在2500多年前指出的那样：“德之不修，学之不讲，闻义不能徙，不善不能改。是吾忧也。”（《论语·述而》第65页。）徙：迁徙。

当今，政界、商界，以至于学界，都存在着不修、不学、不讲、不善、不改之严重现象，早已引起执政党忧也，百姓怨焉，信仰危机，诚信缺失。故而，国家执政党——中国共产党中央大力加强国人的思想文化建设，引导国人树立正确的人生观、价值观，坦荡做人，诚信做事。

子曰：“人而无信，不知其可也。大车无輗，小车无軏，其何以行之哉？”（《论语·为政》第18页。）而：表假设之意。信：信誉，信用。大车：古代牛车；小车：古代马车。輗、軏：大小车前端横辕两头装钉木头销子，起固定作用，若无此件，车子就无法行走。

孔子说：假如一个人说话做事不守信用，真不知道他该怎么待人处世。这就好像牛车马车前端横辕上没有木头销子一样，是无法前行的。

诚：真实的，不虚假的；实在。言为形，成为声。诚的本义是真实不欺，与伪、诈相对。有时表示假设，“诚如”，相当于现代的“果真”。

信：确实：可靠，信史；证明用的凭据：信物，信号；信誉：诚信，守信，失信于人；相信：对某人或事不必怀疑；信仰：宗教、共产主义；消息报道：信息，音信，通风报信；信使：传递信息者；信函，介绍信；随便：信马由缰，信口开河，信步；砒霜：白砒霜、红砒霜；引信：雷管引信；信。（周斌等编《新华大字典》102、954页。）

儒家倡导之诚信，诚于己，乃人发自内心之品格；信：则指对他人而言，说话做事信于他。故而可以理解为：诚于内，信于外；诚于己，信于人也。

曾子曰："吾日三省吾身，为人谋而不忠乎？与朋友交而不信乎？传不习乎？"（《论语·学而》第3页。）

子曰："道千乘之国，敬事而信，节用而爱人，使民以时。"（《论语·学而》第3页。）

在《论语》20篇512章里，有68处言"信。"可见，"信"字在孔子儒家思想文化中的地位是何等之重要啊。

"子以四教：文、行、忠、信。"（《论语·述而》第73页。）

如程树德先生【余论】曰："人无信则语言无实，何处行得？处家则不可行于家，处乡党则不可行于乡党，与'言不忠信，虽州里何以行乎哉'。……人之所以为人全在信，若无真心实意，面目虽存，精神已断，不必论到行之隔碍处方见不可。……"（《论语集释》第126、127页。）

司马光曾经论述道："夫信者，人君之大宝也。国保于民，民保于心，非信无以使民，非民无以守国。"（安德义著《论语解读》第9页　中华书局2007年7月。）

子贡问政。子曰："足食，足兵，民政之矣。"

子贡曰："必不得以而去，于斯三者何先？"子曰："去兵。"子贡曰："必不得以而去，于斯二者何先？"曰："去食。自古皆有死，民无信不立。"（《论语·颜渊》第128页。）

民无信不立，国无信不兴，去兵、去食，不可去民之信也！

程树德老先生引《吕氏春秋·贵信篇》曰："以言非信则百事不满也。又云：君臣不信，则百姓诽谤，社稷不宁处。官不信，则少不畏长，贵贱相轻。赏罚不信，则民易犯法，不可使令。交友不信，则离散爞怨，不能相亲。百工不信，则器械苦伪，丹漆染色布真。"（《论语集释》第127页。）

上述程树德老先生依据孔子儒家之思想，论述诚与信之重要，它关乎家庭、君臣、社稷、邻里、亲朋之间的人际关系，就连百工做出的器物，都无法辨别真伪。因为真实被掩饰起来了。

我国著名哲学家冯友兰老先生曾经说过："诚与信有密切的关系。我们常说诚信。信与诚都有实的性质，我们说实信，又说诚实。所谓实者，就是没有虚假，即是无妄。若对于诚与信作分别，说信则注重不欺人，说诚则注重不自欺。不欺都是实，所以信曰信实，诚曰诚实。”（冯友兰著《新世训》第124—125页　生活·读书·新知三联书店2007年4月。）

英国16世纪哲学家弗朗西斯·培根先生指出：“掩饰只是一种软弱的策略和权宜之计，因为要明确什么时候该说真话、做真事，需要高超的智力和坚强的意志。”（刘永升主编《培根论说文集·论伪装与掩饰》第38页　大众文艺出版社2009年3月。）

再读《论语》。子张问行。子曰：“言忠信，行笃敬，虽蛮貊之邦，行矣。言不忠信，行笃敬，虽州里，行乎哉？立，则见于参于前也，在舆，则见其倚于衡也，夫然后行。”（《论语·卫灵公》第168页。）子张书于绅。蛮：南蛮，南方少数民族。貊北狄，北方少数民族。州里：古代以五家为邻，五邻为里，二千五百家为州。此指本乡本土。衡：通横，车前辕的横木。

子张问孔子如何使自己的主张外出时行得通。孔子说：做人说话忠诚，不欺人，做事要实在，对人要敬重。即使在南北方少数民族地区，也能行得通。假若做人不诚实，即使在自己的家乡也是无法取得别人信任的，也是行不通的。

所以，亚圣孟老夫子说：“诚者天之道也；思诚者，人之道也。……诚可格天，诚可感人。”（方德铭著《儒之说》第79页　当代世界出版社2009年6月。）孟子视诚如天之道，人之道。诚信者心必诚也，可以感动天地也。《元曲·窦娥冤》中盛夏六月天突然下大雪，窦娥诚心感动天地上苍焉。

每个人都生活在社会群体中，随时随地都会与周边的人们交往。或请别人帮助，或给别人做事，都要建立在诚信基础之上。“诚实的基础是信用，而践踏自己的信用无异于在拿自己的人格做典当。……即使一个人一时不能获得成功，但必须诚实，宁可失去全部财产，也要挽回个人尊严，因为人格本身就是财富的源泉。……一个人如果学会了如何获得他人信任的方法，真要比获得千万财富更足以自豪。”（高红敏著《比尔·盖茨给青年的9个忠告》第79页　台北海鸥文化图书出版有限公司2005年10月。)

做人一定要诚实。因为诚实可使人内心坦然,襟怀坦荡;而说谎、虚假、欺瞒,你的良心必将受到折磨,你的心境时时处于灰暗之中。古代波斯人有句名言:讲假话犹如用刀伤人,尽管伤口可以愈合,但伤疤永远不会消失。宁可因为讲真话负罪,不可靠假话开脱。

英国18世纪经济学家亚当·斯密在《道德情操论》中指出:"一个正直的人,一个不屑占别人便宜或给别人占便宜的人,一个甚至认为给别人占便宜比占别人便宜较不可耻的人,在所有私人交易中,是一个受敬爱与最受敬爱的人。(英　亚当·斯密 Adam smith 著　谢宗林译《道德情操论》第186页　中央编译出版社2008年8月。)

也就说,一个人不要想去占他人便宜,宁可让别人占自己的便宜,这样的人是会得到大家尊敬的,而喜欢占别人便宜则是可耻的,因为想占别人便宜的人,往往一定是不诚实的人。

诚实的反义词即虚伪。诚实是一种美德,虚伪令人厌恶。孔子曰:"巧言、令色、足恭,左丘明耻之,丘亦耻之。匿怨友其人,左丘明耻之,丘亦耻之。"(《论语·公冶长》第50页。)左丘明:鲁国人,传说著《左传》。丘:孔子名丘。

巧言:专说好听的话,甜言蜜语,花言巧语,逢人说人话,逢鬼说鬼话;令色:装出一副好的面孔,表现非常的恭敬,而把自己真实面目隐藏起来。这样的人,不会是仁者。所以,左丘明认为这样的人是可耻的,孔子亦认为是可耻的。

培根先生曾经论述过狡诈。他说:"我认为狡诈是一种邪恶和畸形的智慧。一个狡诈的人和一个聪明的人之间,确实存在很大差异,这个差异不仅在于诚实与否,而求体现在才干上。……"(刘永升编著《培根论说文集·论狡诈》第96页。)

美国西点军校的服务准则强调:忠诚胜于能力。他们认为,不管一个人的能力如何，没有忠诚的道德品质，都无法为一个团队和一个国家贡献他的力量。

世界上诚实的人应是多数。早在我国抗日战争时期，来华帮助我国抗日的国际友人——加拿大的白求恩大夫、印度的柯迪华大夫，为我中华民族抗击日本帝国主义侵略，献出了宝贵的生命。他们不仅是诚者，而且是仁者、圣者，中国人民子孙后代永远学习他们！怀念他们！

培根

我国几千年优秀文化，培育出众多忠诚于家庭，忠诚于他人，忠诚于社会和国家的人。历朝历代均有忠臣护国，刚直不阿，唐朝的魏征忠诚于大唐社稷江山，其直谏太宗，至今可谓耳熟能详。此等人得流芳百世，颂扬古今也。

唐太宗李世民

直言谏官魏征

诚信是做人的基本道德，但必须识别讲诚信的对象。对正直的父母兄弟姊妹，对正直的邻里亲朋，一定要讲诚信；而对敌人或伪君子，绝不能讲诚信。凡关乎国家之政治、军事、经济之机密，必须守口如瓶；凡涉及公司企业之商业机密，绝不能泄露。这是国民的基本道德底线，是忠于国家民族之基本要求焉。

正如孔子所教诲的："君子欲讷于言而敏于行。"（《论语·里仁》第39页。）讷：表面装着迟钝的样子。就是说：君子说话要十分谨慎而又郑重，当言则言，不当言则绝不言也。

孔子儒家倡导诚信做人，这一思想自古至今熏陶着一代又一代国人。近几年，党中央总书记胡锦涛先生倡导"八荣八耻"，大力开展精神文明宣传教育，涌现出一批又一批诚实守信的道德模范。

孙东林

信义兄弟——孙东林，替哥哥还民工工资。

2009年春节前，在外地打工的孙水林一家五口，急匆匆赶回老家湖北，给跟他一起干活的农民工朋友发工资。在返回途中，不幸一家五口因车祸全部遇难。此时弟弟孙东林得知哥哥一家遇难的消息，和家人悲痛欲绝，可是他想到哥哥是为了回来给农民工朋友发工资而遇难的，他不躲不藏，不找借口，毅然和家人筹资33.3万元替哥哥还清了60位民工的工资。东林和哥哥水林生死接力，把哥哥的诚信接下来，被国人誉为“信义兄弟”

5.4 役物与役于物

如何正确理解孔子儒家的财富观，这是研究孔子思想的重要内容之一。调查问卷第8项——对物质利益的理解：利己、利他、奉献、大公无私。40多名青年学子回答如下：

答利己者26人，答利他者11人，答奉献者18人，答大公无私者4人。

“子罕言利与命与仁。”(《论语·子罕》第87页。)罕：稀少。

孔子很少言功利、命运、仁德。孔子为何很少谈功利之事？因为孔子强调的是先义而后利，他老人家积极倡导和注重的是“道”。如何获得富贵，须遵循“道”，“以其道得之，可处也。”孔子之道乃仁道，且“一以贯之”。所以，孔子罕言利天命。

子曰：“君子喻于义，小人喻于利。”(《论语·里仁》第37页。)喻：明白、懂得。

孔子之意是说：君子明白的是道义，而一些小人只言私利。孔子本人是圣人品格，明白的是道义，不会像小人那样注重私利。所以，孔子“罕言利”。

利可理解为金钱物质财富。财富金钱人之所欲，这是孔子儒家所肯定的思想。小到一个家庭，再到一个企业公司，大到一个国家，人人、事事、处处都需要货币资金作为交换的手段，才能获得生活资料和生产资料，才能满足人民群众的物质文化需求。尤其是国家建设发展，抗击自然灾害，国防须有强大的先进装备，维护主权和世界和平，一切活动都离不开物质资金。所以，不能鄙视财富金钱，不能谈钱色变，言利色变。而且要不遗余力地去创造物质财富，增加积累，以防突发事件，当突发事件发生，急需从国库支付资金时，国家领导人就会随时研究解决，做到“手中有粮，心中不慌”。

一个家庭亦是如此。“有朋自远方来，不亦说乎。”如果家里无米无菜，身无分文，心里急得要命，还能悦得起来吗？孩子读书要花钱，老父生病要看医生，五口之家人人要吃穿，儿子要娶媳妇，等等，没有钱如何是好！所以，要树立正确的金钱利益观，不能认为一讲金钱，就是“小人”。无论是平民百姓，还是政府一品大员，每个月工资薪酬都是以货币形式领取的。货币即金钱，一品大员多数应是君子，按月领取自己的薪酬，这是劳动所得，是“以道”得之的，“可处也”，可要也，可享受也。正如孔子曾说：虽当个执鞭者，替有钱人赶牛车马车，取得的俸禄，“吾以为之”。

仁义不能空谈。宋儒二程（程颢、程颐）兄弟及其弟子朱熹等人鼓吹“存天理，灭人欲”，显然与孔子之“富与贵，人之所欲”的思想相悖也。人皆有欲，《礼记》曰：饮食男女乃人之大欲存焉，乃为人之常需也。所以，宋儒们的理论受到后人的批判，直到中国的 1919 年的“五四运动”，提出“打倒孔家店”的口号，其实就是要打倒和否定宋儒们的错误理论，使人的个性得到解放，进而倡导民主与科学。

有人认为义与利应有先后，要先义后利。这要看何人与何事而论。一个普通劳动者他考虑问题的出发点，不能强求他一定要把义放在第一位，他每天付出劳动成本应得到相应的报酬，企业在计算薪酬时，如果有误差，少统计他的工时了，他会毫不客气地提出来，要求精确核算的，这种要求是合理的，不能认为他斤斤计较，只讲利不讲义。任何一个企业或组织，都必须认真做到分配合理，对广大劳动者而言，应积极提倡勤劳致富。设计合理的薪酬标准和计算尺度，让处于最基层面的普通劳动者阶层，劳有所得，使人的生存权利得到保障。

子曰：“放于利而行，多怨也。”（《论语·阳货》第 190 页。）

孔子之意是说，不能放肆地去言利，不能不择手段地去牟利。何谓

"放"？此字为左右结构，左为方，右为文，合之为放。放的本义……

孟子曰："上下交征利而国危矣。……苟为后义而先利，不夺不餍。"餍(yàn)：满足之意。(杨伯峻《孟子译注·梁惠王·章句上》第1页　中华书局。)

孔孟之意是说：一个人做事情如果只从一己私利出发，不顾及他人之利益，国家之利益，上下明争暗夺，不讲仁义道德，官民互相勾结，目的是谋己之私利，势必危及百姓和国家，造成众怨矣。"欲利于己，必先害人，固多怨。"(李泽厚著《论语今读》第117页。)

孟子世人称之为亚圣，他对金钱财富有自己的原则。有一次，齐国派了两位使者送100两金给他，他却婉言拒收；而薛国国王派人送他50两金，他却欣然收下了。于是他的弟子们不解其意，就问他：齐国送100两金，你不收下，而薛国送50两金你却收下了，是何道理？孟子说：我没有为齐国做任何事情，无功不受禄，齐国国王大概是想收买我，利用我。君子是不能被金钱收买的，所以我不能接受这种金钱；我为薛国出谋划策，帮助他们平息了一场战争，我是有功之人，所以应该拿酬金的。这个故事对后N代们有何启发呢？

北京大学王海明教授在其《人性论》一书中，分析人性善恶有16种道德行为，继而又把16种道德行为归结为四类：

第一类人性：是纯粹的利他和利己的行为，包括完全利他、完全利己。

第二类人性：是纯粹的害他和害己行为，包括目的害他4种行为。

第三类人性：是己、他内部利害混合行为，包括害己以利己与害他以利他2种。

第四类人性：是己、他外部利害混合行为，包括自我牺牲与损人利己2种。

东方人称之为富贵，西方人称之为功利，其目的都是使民众幸福与快乐。西方学者穆勒先生说："追求快乐，摆脱痛苦是认为以渴望达到的目的，而那些抨击者自己，玷污了人的本性；他们认为人是不可能享受快乐，除非享受猪享受的快乐。（穆勒著《功利主义》第19页　九州出版社2007年1月。）

穆勒先生还说："为了眼前利益而违背具有如此超然利益的准则绝不是有益的行为。"（《功利主义》第55页。）

奉献是优良的品格，正是孔子儒家所推崇的，己欲立而立人，己欲达而达人，己之富裕勿忘他人之富。这样的先进楷模人物，在前文已有论述和介绍了，我国后N代们要谨记孔子和世界先贤之教诲，树立正确的物欲观，役物不役于物，做财富的主人，不做财富的奴隶。

5.5　纵欲是祸害

勤劳简朴是中国人的优良传统。勤能补拙，俭能养廉。致富既要靠智慧，更要靠勤劳。通过自己包括家人和团队的辛勤创业，逐步获得了财富，可称之为所谓"富一代"，然而，二代、三代暨后N代们是否能够传承父辈的艰苦创业之优良传统，把父辈的业绩发扬光大，还是把父辈集聚的财富挥霍无度，这不仅关乎后N代个人正心、修身和家庭美德的延续，也关乎国家民族之兴旺焉。

子禽问于子贡曰："夫子至于是邦也，必闻其政，求之与？抑与之与？"子贡曰："夫子温、良、恭、俭、让以得之。夫子之求之也，其诸异乎人之求与？"（《论语·学而》第5页。）

子禽：姓陈，名亢，字子禽。子贡：姓端木，名赐，字子贡，孔子的弟子。夫子：对孔子之尊称。抑：表示选择关系的关联词，相当于"还是""或是"。温：温和。良：善良、平和。恭：恭敬，庄重。俭：节俭、节制。让：谦逊。其诸：表示推测之语气。

陈子禽问子贡，孔子每到一个地方，总要了解一些政治事情，是他自己问他人而得知的，还是别人主动地告诉他老人家的呢？子贡回答说：夫子温和，平易近人，心地善良，对人恭敬有礼，生活节俭，态度谦让，受到当地民众之尊敬，别人都积极主动把政事告诉他，因而夫子获得许多信息。这就是夫子与别人的不同吧。子贡称赞孔子之品格，内中就有节俭。

林放问礼之本。子曰:“大哉问!礼,与其奢也,宁俭;丧,与其易也,宁戚。”(《论语·八佾》第21页。)林放:鲁国人。大哉问:你问的问题非常重要啊!易:治理,置办。戚:悲伤。

鲁国林放问礼的本质是什么。孔子说:你问的问题意义非常重大啊!遵守礼节礼仪虽然很重要,如办丧事,但不能过分奢侈,铺张浪费,宁可节俭,勿大操大办,内心要真正悲哀。

子曰:“以约失之者鲜矣。”(《论语·里仁》第39页。)

孔子之意是说:因为节俭而犯错误的人,是很少的。社会上犯错误者大都与金钱美女有牵连,那些花花公子,纨绔子弟,挥金如土。高端消费,尽情享受,最后极有可能家贫如洗。有的人不择手段,巧取豪夺,落入法网,身败名裂矣。

子曰:“奢则不孙,俭则固,与其不孙也,宁固。”(《论语·述而》第77页。)孙:逊。固:固陋。

孔子之意是说:一个奢侈之徒,必然显得骄纵,飞扬跋扈,目中无人。而讲究节俭的人就显得简陋、朴实,不张扬,处处谦虚谨慎。所以,与其奢侈,不如俭约。这是做人的修养,得众的前提焉。

鲁人为长府。闵子骞曰:“仍旧贯,如之何?何必改作?”子曰:“夫人不言,言必有中。”(《论语·先进》第115页。)

鲁国权臣要改造长府即国库,要花很多资金,闵子骞认为长府仍可以使用,不需要改造,节约政府开支。孔子非常赞赏闵子骞的意见,认为闵子骞平时夫子不言即不爱说话,但一言中的,说到关节点上了。

子谓卫公子荆:“善居室,始有,曰:‘苟合矣。’少有,曰:‘苟完矣。’富有,曰:‘苟美矣。’”(《论语·子路》第139页。)

卫国的大夫公子荆,非常注意节俭,居室简陋,开始有点财物时,他就说凑合着住吧;少有一点财富;后来稍稍增加一些财富,他仍说完备了;当财富多起来了,他还是说已经完美了。

子曰:“衣敝缊袍,与衣狐貉者立,而不耻者,其由也与!‘不忮不求,何用不臧?”子路终身颂之。子曰:“是道也何足以臧?”(《论语·子罕》第96、97页。)

孔子学生子路,是一位忠义之士。他为人直率,性格刚烈。他穿着破旧的棉袍,与穿着狐貉皮衣的富豪们站在一起,他不觉得低人一等。他不嫉妒富贵,更不贪求富贵。子路这种品格难能可贵矣,因而受到孔子的称赞。

当今,社会上财富分配不均,富者居住高档贵族别墅,装饰豪华。据媒体暴露:青岛远洋公司一干部在全国购买住房37套,且都精心装饰。与古人之节俭品格相比差矣!

培根先生曾经说过:“财富的用途是消费,而消费的目的是荣誉或善行。因此,大笔的花销应当以原因和用途的价值为宜。如果为了国家,那就和为了天国一样,也是可以自甘贫乏的。”(刘永升主编《培根论说文集·论消费》第116页。)

望我国的后N代们谨记古希腊哲学家亚里士多德的教诲:“放纵自己的欲望是最大的祸害。”(星汉编著《世界上最经典的哲学故事》第155页。)

本章小结

本章共5节。主要论述孔子儒家哲学授人以渔,启迪人们爱智慧;树立正确的财富观,重点是讲以仁道和诚信求得财富。诚与信是孔子儒家思想的重要内容,是儒家道德观核心,是做人、孝亲、齐家、治国、平天下的重要前提。同时,要正确理解与处理利与义之关系,切勿见利忘义,不做物质财富的奴隶。以善道获得财富之后,亦应十分注意节俭,切勿挥霍无度焉。

6 孝亲仁之本

6.1 孝父母

百善孝为先。中国儒家倡导孝亲，这是几千年人文文化之优良传统。我在问卷中，问及孝亲的问题。43 位青年学子全部都赞同对父母要非常之孝顺。故我把孝文化单列一章加以论述。

子曰："弟子入则孝，出则弟，谨而信，泛爱众，而亲仁。行有余力，则以学文。"（程昌明译注《论语·学而》第 4 页　山西古籍出版社 2001 年 6 月。）

孝：尽全力尊敬父母，奉养双亲，尽孝、孝敬。孝在金文中是会意字，上部像一位老人，下部是子孙。孝由老省略下边的匕和子两部分组成，表示小辈在侍奉年老的长辈。孝的本意是指尽心尽意地奉养父母，尊敬双亲。弟：悌。（周斌等编《新华大字典》第 944 页　商务印书馆国际有限公司 2011 年 8 月。）

孔子告诫青少年要做到入则孝，到家后要向父母问安，多陪父母说说家常话，关心父母饮食起居等生活琐事。出门在外，要尊敬兄长，爱护幼弟；要慎于言，说话严谨诚实，做事谨慎细心；要广泛爱护百姓，就是要做到以人为本，处处为大众谋利益；平时，要主动亲近有仁德的人。还有，如果还有时间，必须学习文化知识，提高修养，也是对父母的孝敬。

现在有不少青少年不思进取，不努力读书，泡网吧，抽烟酗酒，有的吸毒，被关进牢房，辜负父母之愿望，实在令父母伤心矣。

为何儒家强调孝敬父母？子曰："予之不二也！子生三年，然后免于父母之怀。夫三年之丧，天下之通丧也。予也有三年之爱于其父母乎！"

(《论语·阳货》第196页。)

孔子说得很明白，子出生下来呱呱坠地，无论是男是女，在襁褓之中，父母疼爱无以言表。到了三年，三岁才能免于父母之怀，这是子女孝敬父母的根本原因所在。子三年后，能行走，但还需父母抚养关怀，直到读书成人、成家立业，结婚生子，往往在二十几年的时间里都需父母操心。天下父母对子女是无有一点私心的。

孟武伯问孝。子曰："父母唯其疾之忧也。"(《论语·为政》第12页。)就是说：天下父母最关心子女的身体健康，怕孩子生病。如若子女疾病，做父母的寝食难安矣。所以，儒家特别强调"孝乃仁之本与"。

早在16世纪，英国哲学家弗朗西斯·培根曾说："父母的欢欣是秘而不宣的，他们的忧愁与恐惧也是如此。因为有些感受是他们不能说的，而有些则不愿意说。孩子可能使父母的劳动变成甜美，但也可能令父母的不幸变得更深。……"(刘永升主编《培根论说文集·论父母及子女》第39页　大众文艺出版社2009年3月。)

如何孝敬父母？子夏问孝，子曰："色难。有事，弟子服其劳；有酒食，先生馔，曾是以为孝乎？"(《论语·为政》第13页。)色：脸色、表情、态度。色难：子女侍奉父母要做到经常和颜悦色是很难的事情。尤其是父母生病甚至于长期卧床，给子女增加经济、精神负担，子女能做到始终如一的敬爱孝顺，是非常之不容易的。这就会出现"色难"了。

子游问孝，子曰："今之孝者，是谓能养。至于犬马，皆能有养；不孝，何以别乎？"(《论语·为政》第12页。)

子游：姓言，明偃，字子游，孔子的学生。养：赡养、供养，饲养。

孔子回答子游孝之问。孝，不仅是赡养，供养，如果仅给父母一些生活资料，粮食油盐菜蔬，不从内心敬爱父母，这和家里喂养犬马有何区别呢？

孔子的弟子有子曰："其为人也孝弟，而好犯上者，鲜矣；不好犯上，二好作乱者未之有也。君子务本，本立而道生。孝弟也者，其为仁之本与！"(《论语·学而》第2页。)

有子之意是说：一个人只要真心孝敬父母，尊敬兄长，是很少冒犯长辈和上司领导的；更不会作乱，搅乱社会“未之有也”。有子认为：孝敬是做人的根本要求，一个人只要能确立了孝敬这个本，就会走正“道”，即“仁”道，他在社会上做任何事情，都会想到不能给父母丢脸面，故而可以说，孝悌是仁的根本所在。

父母时时牵挂子女，“为其疾之忧也”。所以，孔子曰：“父母在，不远游，游必有方。”（《论语·里仁》第39页。）

父母在，游与不游？现代社会，全世界几乎是一个大的商业圈，中国企业要做到“面向世界，面向未来，面向现代化”，不“游”是不可能的，但“游必有方”。这是孔子最为关注的。孔子带领众弟子周游十三年，后返回鲁国。这在2500多年前，是一次无与伦比的长时间远游。

子曰：“父在观其志，父没观其行，三年无改于父之道，可谓孝矣。”（《论语·学而》第6页。）没：殁，死。行：行为，指所作所为。道：此指父母亲在世所奉行的行为准则、道德规范。

父亲在世，观察子女的志向，离世后他人观察子女的行为。孔子要求三年无改于父之道。这是指当时“礼”之规定父母离世子女要守孝三年，此间浸沉在悲痛之中，不可能有时间去考虑自己如何做事，故孔子要求子女三年无改于父之道，可谓孝矣。

曾子曰：“吾闻诸夫子：孟庄子之孝也，其他可能也；其不改父之臣与父之政，是难能也。”（《论语·子张》第212页。）

孟庄子，鲁国的大夫，姓仲，名速。他的父亲孟宪子名蔑，身居高位，世袭鲁国大夫。孟庄子继承他父亲之官职，对他父亲原来用的干部老臣，一律照用。对于他父亲制定的政策、制度继续依旧执行。这是一般人所做不到的。所以，曾子赞扬孟庄子“难能可贵也”。

南怀瑾先生有位朋友，在台湾做事，已经六十多岁了，满头白发，白天上班，晚上都要回到家里陪八十多岁的老父亲，否则他父亲就不吃饭。有时回来晚了，他老父亲就用拐杖打他，而他就跪下来让老父打，毫无怨言。

这种孝亲之感情，在包括台湾在内的华夏民族，是一脉相承的。

世界进入到21世纪的现代社会，父母是否还要求子女三年无改于“父之道”？如果父母是勤劳的人，忠厚正直的人，爱众亲仁的人，即使父母离世，做子女的也应当遵循父母之教诲，永远走仁道，不搞邪门歪道，使父母含笑九泉。所以，“三年无改于父之道”，不仅适用于古代子女，同样适用于现代社会里的子女们，中国的后N代们更需遵循父母之仁道，做到永远不改祖宗的仁道焉。

父母在世，如果子女发现父母做事不合“礼”，子女和父母意见不合，如何对待？

子曰：“事父母几谏，见志不从，又敬不违，劳而无怨。”（《论语·里仁》第37—38页。）几：婉转，轻微。

世界上所有父母都是生活在社会上的人，有些父母人品不佳，自私自利，或教育子女方式方法过于粗暴。作为子女发现父母说话或做事不合“礼”，这时就要遵循孔子之教诲：婉转地、和颜悦色地和父母说明自已的意见，不要直接顶撞父母。假如父母仍坚持已见，就不要再继续说下去了。尽管自已受委屈，内心不舒服，但对父母不能怨恨，侍奉父母劳而无怨。后N代们均为人子女，或已经成为父母，应切记先哲孔子之教诲，对父母敬而不违，劳而无怨焉。对自已的子女爱之、教之，行仁道也。

孟子是儒家孔子学派的继承人。他主张“性善论”，但后来在谈及孝文化时，孟子严肃地指出：“世俗所谓不孝者五：惰其四肢，不顾父母之养，一不孝也；博弈好饮酒，不顾父母之养，二不孝也；好财货，私妻子，不顾父母之养，三不孝也；从耳目之欲以为父母戮（lù），四不孝也；好勇斗狠，以危父母，五不孝也。”（杨伯峻译注《孟子译注·离娄·章句下》第200页　中华书局2008年3月。）

2000多年前的战国时期，孟子批评当时社会上某些人存在不孝的五种表现，现今社会依然比比皆是也。所以，希望后N代们谨记先贤之教诲，做到身体力行，让父子亲，孝悌情，夫妇顺，代代相传！

6.2 劳而无怨

为了调查当代青年学子对中国孝文化的认识，问卷设对父母孝的程度：非常孝敬；孝敬；不够孝敬；不需孝敬。其中有23人答非常孝敬，有19人答孝敬，无人答后二项。

中华民族孝文化源远流长。早在上古传说时代，尧传位与舜，历史上称之为“禅让”，是古代民主政治的起始。

传说舜是古代的一位孝子。其母早逝，其父要一继母，生二子。继母伙同其父及二子欲加害舜。有一天，父叫舜上自家屋顶修屋漏，舜刚上去父亲继母就把梯子抽掉了，企图让舜摔死。但舜早有准备，他上屋顶时戴了两只大斗笠，当他发现梯子被撤去，于是他两只手分别握住大斗笠，像降落伞一样从天而降，轻轻着地。

一计不成，其父继母又使一计。他们叫舜下井挖泥土，当舜下井之后，父和继母及二子就往井里填土，妄图把舜埋在井里。舜心里有数，在此次之前，舜下井挖了一个侧逃生通道，当其父继母往井里填土时，聪敏的舜已从侧通道逃出来了。

后来，舜的父亲眼睛瞎了(瞽叟)，有人问舜：如果你是天子，做了皇帝，而你父亲犯了罪，政府要抓他，你怎么办？舜毫不犹豫地说：我宁可不做天子，也要背着老父亲(瞽叟)逃到海边去，过隐居生活，也不能让父亲被官府抓去。这个故事虽为传说但说明舜是古代孝亲之楷模也。

叶公语孔子曰：“吾党有直躬者，其父攘羊，而子证之。”孔子曰：“吾党之直者异于是：父为子隐，子为父隐——直在其中矣。”(《论语·子路》第143页。)直躬：胸怀坦白、正直。攘：偷。证：告发。党：古代五族(500家)为党，12500家为乡。吾党即我的家乡那里。

叶公对孔子说：我们那里有一个直爽坦白的人，他的父亲偷了别人家的羊，他跑到官府去告发，并作证。而孔子却说：我们那里直爽坦白的人和你们那里不一样，父亲替儿子隐瞒，儿子亦替父亲隐瞒，父子互隐，这就是“直在其中矣”。

这里涉及国法和亲情，依儒家观点，亲情为大。舜宁可背着犯法的瞽叟老父逃走，不要天子之位，这就是儒家的亲情为大也。在西方国家政府官员里，如果有亲人犯法，他就自动辞职回家。中国法院审案子，亲人可以回避不出庭当面作证。这也是法与情的运用。

我国春秋时代的闵子骞，亦是孝亲之榜样。

子曰："孝哉闵子骞！人不间于其父母昆弟子言。"（《论语·先进》第112页。）间：空隙，此指挑剔、非议之意。

闵子骞母亲离世，父续娶继母，生两个弟弟。继母偏爱亲生儿子，一年冬天大雪纷飞，天气非常寒冷，父亲看见闵子骞老是发抖，责问缘由，闵子骞不说实情，惹怒父亲，于是一把抓住闵子骞的外衣，发现衣里装的是不能御寒的芦苇花。而继母生养的两个儿子穿的是厚厚的棉袄，气得父亲要把继母休掉。这时，闵子骞跪在父亲面前说：母在一子单，母去三子寒。恳请父亲不要休继母。为此，继母深为感动，立时给闵子骞缝制了新的棉袄。

闵子骞的德行传为美谈。后来，他做了一个管理府库的官员，非常注意节俭。《论语》记载：鲁人为长府。闵子骞曰："仍旧贯，如之何？何必改作？"子曰："夫人不言，言必有中。"（《论语·先进》第115页。）鲁人：即鲁国的执政大臣。长府：鲁国藏财货之地方。仍：因，沿袭。

鲁国的当权者为了别的目的，要花政府的钱改造长府，就是现在叫重新装潢。闵子骞说：依旧贯即就照老样子用吧，可以使用的，为何要改建呢？这话被孔子知道了，夫子赞扬说：闵子骞平时不太爱说话，只要一说话，就言必有中，说到关键上了。

中国古代有不少孝亲之典型，他们的美德流芳百世，传承至今，影响一代又一代国人。

近年，中央着力塑造中华民族新的形象，大力宣传道德模范，其中有诸多孝亲之典型，着实感人肺腑也。

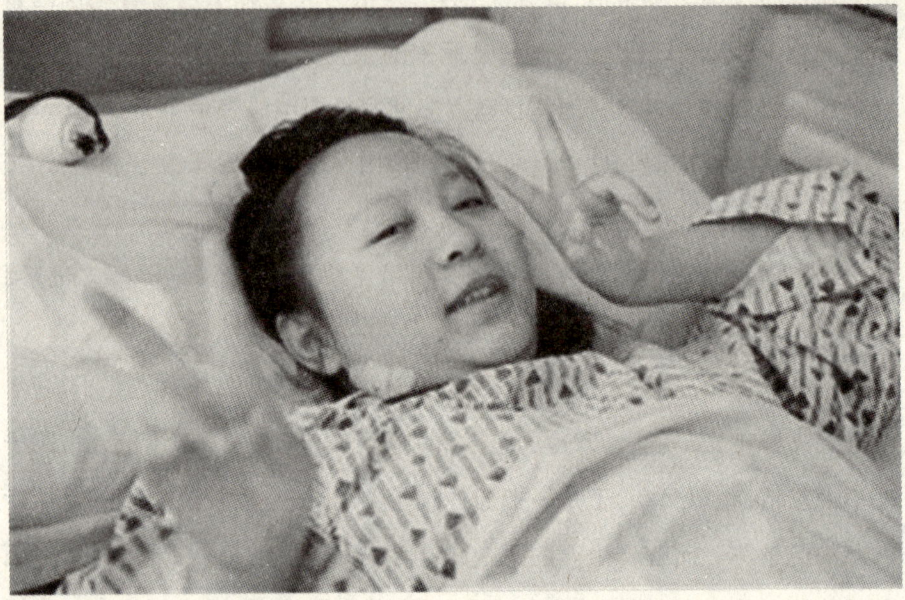

杨蓉割肝救母——术后杨蓉向我们做出胜利的手势

“90”后女孩杨蓉为了救母，把自己70%的肝脏割掉给母亲。这是何等的义举！伟大的母爱之魂换来的是爱母亲的伟大行动！这是世界上无价之真情也！

“90”后孟佩杰孝亲12年。5岁时父亲车祸身亡，来到养母身边。8岁时，养母瘫痪，养父离家出走，小孟佩杰为了照顾瘫痪的养母，一边坚持读书，放学就急匆匆往家里赶，照顾养母。2009年，考取了西安师范大学临汾学院，17岁的她，背着瘫痪的养母去临汾读大学。12年，4000多个日日夜夜地照料养母，实在是难能可贵啊！……

以上论述的是孝亲，这是非常重要的人生准则。孝亲似乎是小孝，无小孝，就不会有大孝。孝亲齐家，大孝治国。还须做到大孝，大孝西方人称为“博爱”。而儒家则强调要爱亲朋和邻里乡亲、爱社会民众、爱伟大的国家，就是儒家倡导的泛爱众而亲仁也。“仁”是儒家思想道德的最高标准，后N代们要做孝者，而孝者须坚持仁。

6.3 孝乃仁之本

曾子曰:“其为人也孝弟,而好犯上者鲜矣;不好犯上而好做乱者,未之有也。君子务本,本立而道生。孝弟也者,其为人之本与!”(《论语·学而》第1、2页。)

儒家核心价值观应是“仁”。《论语》一书计20篇508章,共有15934个字,“仁”字就有105个。可见孔子儒家对“仁”的思想道德的重视。

“仁”字出现在第一篇《学而》第二章,是孔门弟子有子论述孝悌时,最后强调“孝悌也者,其为仁之本与”!由此可以理解孝悌与仁都是孔子儒家的最高道德准则,也是儒家价值观的核心内容。

古代“仁”即“人”,是同一个意思。但是,孔子对“仁”的解释由普通人上升为人的道德即“仁德”。

“仁”:是会意字,由亻和二左右组合而成。表示爱自己和他人,即同时爱二人。一说不同的人表示相爱。在古文字里,仁写作忎(rén),由上千和下心组成,意即博爱。仁的本意指对他人有爱和亲善,是中国儒家思想重要概念。经典的表述为:“仁者爱人。”仁又为植物果实里面最核心的部分,如花生仁、核桃仁、杏仁等。(参见周斌等编《新华大字典》第738页商务印书馆国际有限公司2011年8月。)

下面研究孔子对“仁”的论述。

有一天,孔子的弟子樊迟请教孔子什么是仁。樊迟问仁。子曰:“爱人。”问知。“知人。”

樊迟未达。子曰:“举直错诸枉,能使枉者直。”

樊迟退,见子夏曰:“乡也吾见夫子而问之,子曰:‘举直错诸枉,能使枉者直。’何谓也?”

子夏曰:“富哉言乎!舜有天下,选于众,举皋陶,不仁者远矣。汤有天下,选于众,举伊尹,不仁者远矣。”(《论语·颜渊》第134页。)知:智。直:正直。错:通“措”,放置。乡:通“向”,从前,此指刚才。皋陶:舜帝贤臣。伊尹:商汤的宰相,辅助汤灭夏建立商汤王朝。

这是孔子对“仁”最精辟的论述。看似简单地回答樊迟之“仁”的提问，其实孔子只用“爱人”两个字就高度概括“仁”的本质含义。

子夏领悟孔子“仁”即“爱人”之分析，真实“富哉言乎”！多么深刻啊！并举例说明“仁”的意义。舜选用皋陶，汤选用伊尹，他们都是仁者，都是正直的人即仁人，品德好的人，不仁者即枉者就会远离去矣。后来的历朝历代都是如此，皇帝如能举直错诸枉，国家就会兴旺；皇帝若用了奸臣，百姓就会遭殃，国家就会灭亡。望后 N 代们多读一点中国历史便可知晓矣。要善于识别仁人，做个仁者。

子曰：“为仁者能好人，能恶人。”

子曰：“苟志于仁矣，无恶也。”

子曰：“君子去仁，恶乎成名？君子无终食之间违仁，造次必于是，颠沛必于是。”（《论语·里仁》第 32、33 页。）

孔子之意是说：具有仁德的人，才能够识别仁人，喜欢仁德者，厌恶不仁者。假若一个人诚心学习做个有仁德的人，就不会使他人讨厌。如果君子去掉了仁德，如何成为君子呢？故而孔子要求君子在任何时候都不要抛开仁德，即使在吃饭时间有人来访，也要把口中的饭吐出来，接待来访者；哪怕在旅途中有人要求相见，也要停下来接待。这就是“造次必于是；颠沛必于是”。这是何等的不容易呀！

子曰：“我未见好仁者，恶不仁者。好仁者无以尚之；恶不仁者，其为仁矣，不使不仁者加乎其身。有能一日用其力于仁矣乎？我未见力不足者。盖有之矣，我未之见也。”（《论语·里仁》第 34 页。）尚：超过，高出。盖：大概，副词。“未之见”，意思是从来没有看见过这种情况。

这一段文字内容似乎与前文相矛盾。前文孔子曰“为仁者能好人，能恶人”。此文讲“我未见好仁者，恶不仁者”。就是说，孔子没有见过有仁德的人厌恶讨厌不仁的人。如何理解？仔细研究，就会发现孔子之言前后不矛盾的。前文是说仁者能够识别好人和不好的人，但对于不好的人，不能只讨厌，疏远他们，还要尽力去教化他们，用行动感化他们。如果讨厌不仁者，是因为不使自己受到不仁者的不良影响。所以，孔子教导仁者要用力去帮助不仁者。世上有没有这种人？孔子说，大概有吧，只是“吾未见之也”。

在日常生活中，经常会遇到好人（君子或仁者），也会遇到不好的人，令人厌恶的人。如之何呢？

孔门弟子颜回是位仁者。子曰：“回也，其心三月不违仁，其余，则日月至焉而已矣。”（《论语·雍也》第56页。）三月：指长时间。日月：指时间短。

孔子称赞颜回思想长时间不违背仁德，而其他弟子只是在短时间里能想到仁。由此可以说，要想做个有仁德的人，需长时间的磨炼修养，绝非一日之功，就能成仁者矣。也就是人们常说的：一个人做好事并不难，难的是一辈子做好事，不做坏事。

子张问仁于孔子。孔子曰：“能行五者于天下，为仁矣。”

“请问之。”曰：“恭、宽、信、敏、惠。恭则不侮，宽则得众，信则人任焉，敏则有功，惠则足以使人。”（《论语·阳货》第190页。）

这里可以看出，孔子对仁的释义是更深刻了，也是非常之精辟的。就是说，能够实行五种品格，就是仁者了。五种品格，即做到恭敬、宽厚、诚实守信、勤于思考，做事敏捷，给百姓恩惠慈爱，就会得到大众之拥护、信任，做事情就容易获得成功，而且老百姓就会听从指挥，一呼百应。

子曰：“志于道，据于德，依于仁，游于艺。”（《论语·述而》第66页。）

孔子之意是说：一个青年人要把自己的志向立在“道”上，做事执守在“德”上，依据在“仁”上，游娱在“艺”上。孔子强调做人要符合“道”“德”“仁”“艺”。这个“艺”是指六艺，即礼（礼节礼仪）、乐（音乐）、射（射箭）、御（驾车）、书（写字）、数（算术）。这是古代孔子培养全面发展的人才的标准，其中前三项就是指做人的德行要求，后一项“艺”就是指才能，合起来即是德和智，德才兼备。

所以，孔子指出做人要有爱心，要讲仁德。

子曰："人而不仁，如礼何？人而不仁如乐何？"做人没有爱人即仁爱之心，礼仪、礼节和音乐对他们有什么用呢？其就会偏离正确的人生道路。

6.4 人间正道

子曰："父在观其志，父没观其行，三年无改于父之道，可谓孝矣。"（《论语·学而》第6页。）

孔子之意是说：父亲在世时，观察儿子的志向，立志是否弘远？父亲过世之后，就要看儿子的言行了。至少在三年之内，不能改变父亲在世时立下之道。为何规定三年？大概是守孝三年，在三年守孝期内，儿子沉浸在悲痛哀伤之中，故三年内不会去改变父之道的。

对此我在前文已作论述，这里再简言几句。如若父系小人、奸佞之人，或为非作歹之人，其道根本不能实行，一天也不能实行；如若其父是仁人君子，言忠信，行笃敬，其道应世代相传。所以，正确理解孔子儒家之"道"，实乃关键所在焉。

何谓"道"？

子曰："参乎！吾道一以贯之。"曾子曰："唯。"子出，门人问曰："何谓也？"曾子曰："夫子之道，忠恕而已矣。"（《论语·里仁》第36—37页。）贯：贯通、贯穿。

孔子对曾参说：我倡导和坚持的道，是一贯的。其他学生即门人问孔子讲的一以贯之是什么意思？曾子解释为夫子之道，就是忠恕之道。忠是言己，为人要忠厚、忠诚，实事求是，不欺也；恕是言对他人要宽恕、仁慈、包容。忠恕其本意是仁，仁道是孔子的一贯思想，是孔子和儒家的人生观。几千年来，中国儒家传统文化的核心内容，就是孔子的仁爱、忠恕思想。

在《论语》20篇512章里，孔子和他的学生们68处言及"道"，且遍及18篇文章。概括有以下之含义：

A."道"指社会普遍存在的道德伦理规范、公共秩序。如"君子务本，本立而道生。孝弟也者，其为仁之本与。""三年无改于父之道。"子曰："志于道，据于德，依于仁，游于艺。"（《论语》2页、66页。）孝悌乃社会道德伦理规范，是仁的根本；“三年无改于父之道”，既孝又诚也；“志于道，据于德，依于仁……”此道乃社会公共道德秩序，人的一切言行应“依于仁。”

B.“道”指管理。如，子曰：“道千乘之国”，“道之以政，齐之以刑，民免而无耻；道之以德，齐之以礼，有礼且格。”此言之道，应是管理之意。

C.“道”指社会清明或黑暗。如，子谓南容：“邦有道，不废；邦无道，免于刑戮。”“邦有道，则知；邦无道，则惠。”子曰：“笃信好学，死守善道。危邦不入，乱邦不居。天下有道则见（音现），无道则隐。邦有道，贫且贱焉，耻也；邦无道，富且贵焉，耻也。”

D.“道”指志向、目标。如，子曰：“道不同，不相为谋。”

E.“道”指“忠恕”。如，子曰：“参乎，吾道一以贯之。”曾子曰：“唯。”子出，门人问曰：“何谓也？”曾子曰：“夫子之道，忠恕而已矣。”（以上均摘自陈昌明译注：《论语》）

儒家论“道”之内涵，与道家解释“道”之意义有所不同。儒家言“道”，多指社会道德秩序，突出“仁”“忠恕”，以人的内心世界、言行与他人、社会政治清明或黑暗紧密相连，故儒家之“道”乃仁道也。道家言“道”，是指自然万物之初始状态，“道”乃万物之母也。因本文研究孔子儒家之“道”，且与求财求富紧密联系，故不多用道家之“道”解释本论文之内容。

孔子曰：“朝闻道，夕死可矣。”（《论语》里仁 34 页）。孔子之意是说：早上明白了真理，懂得了人生求仁之道，即使到晚上死掉，也是死而无憾的。“道”是儒家经典中最重要的理论之一，也是孔门师生积极倡导的价值理念。孔子毕生求道，慕道言道，早上闻得道，即使晚上死去，也心安矣。可见孔子求道之心的强烈和坚贞。孔子说：“谁能出不由户，何莫由斯道也。”（《论语》雍也），还鼓励学生“志于道，，据于德，依于仁，游于艺”。（《论语》述而）孔子所言“道”的内涵为何意？孔子很少明说焉。

日本儒学者伊藤仁斋先生（维桢，1627—1705）对孔子“道”的解释：“夫道者，人之所以为人之道也。为人而不闻之，则虚生耳。非与鸡犬共伍，则与草木同朽，可不悲哉？苟一旦得闻之，则得所以为人而终，故君子之死曰‘终’,言其不澌灭也。”(黄俊杰着《德川日本论语诠释史论》71—72页。)

宋儒朱熹在释孔子之“道”的涵义与仁斋之释完全不同,朱子曰:“道者,事物当然之理。苟得闻之,则顺死安,无复移恨亦。所以甚言其时之近。”(黄俊杰著《德川日本论语诠释史论》108页。)

上两段诠释孔子同一语言截然不同。“朱子将孔子的‘道’解释成‘事物当然之理’,既是形而上学的理则,又是伦理学的规范。仁斋则解释称‘人之所以为人之道’……夫子尚云:‘仁远乎哉?我欲仁,斯仁至矣。’又曰:‘人之为道而远人,不可以为道。皆言道之甚近也。盖道外无人,人外无道’。仁斋说:‘盖天地之道,存于人。人之道莫切于孝弟忠信,故孝弟忠信,足以尽人道矣。’这种日常生活中的孝弟忠信等具体行为,就是‘道’。”(黄俊杰著《德川日本论语诠释史论》108—109页。)

以上研究的是孔子之道,即仁道、忠恕之道。所以,我们要全面理解孔子仁、智、勇三者之间的内在联系。

子曰:“知者不惑,仁者不忧,勇者不惧。”(《论语·子罕》第97页。)

孔子之意是说:知(智)者即聪敏的人遇事不会迷惑;有仁德的人心胸宽广,没有忧愁,心底无私天地宽,无私者无畏也;勇敢的人不惧怕困难。也就是说,孔子教导弟子们要做到知、仁、勇,有智、有德、有勇有谋。

孔子的弟子宰我问曰:“仁者,虽告之曰‘井有仁焉’,其从之也?”子曰:“何谓其然也?君子可逝也,不可陷也;可欺也,不可网也。”(《论语·雍也》第63页。)

宰我问孔子:如果井里掉下去一个仁者,该怎么办?“其从之也”?就是直接跳下去救仁者?还是不下去救仁者?孔子说:为什么要直接跳下去呢?可以在井边上积极想办法救人嘛。如若你直接跳下去就会同样陷人井里去的,不但不能把仁者救上来,你自己也很危险的。所以,君子可以被别人欺骗,不能被别人愚弄。这是孔子开导弟子要有智谋,不能学“暴虎冯(凭)河”,空手打老虎,就可能被老虎吃掉;不会游泳却不走桥就要过河,白白送死。仁者是不会这样做的，既要勇，更要知（智），凭智勇方能取胜焉。

孟子曰："矢人岂不函人哉？矢人唯恐伤人。巫匠亦然。故术不可不慎也。孔子曰：'里仁为美。择不处仁，焉得智？夫仁，天之尊爵也，人之安宅也。莫之御（yù）而不仁，是不智也。不仁、不智，无礼、无义，人役也。……如耻心，莫如为仁。仁者如射，射者正己而后发；发而不中，不愿胜己者，反求诸己而已。"（杨伯峻《孟子译注》第81页。）函：铠甲。巫：巫医。匠：木工。

这里孟子是在打比方。造弓箭的和造铠甲的都怕功能不行，怕弓箭不能伤人，怕铠甲不能防御弓箭。巫医治不好病人，木匠怕不死人棺材卖不掉，故孟子指出选择谋生之术不可不慎。孔子说安宅与他人共处，就要选择仁人之处。仁是天最尊贵的爵位，不仁的人只能做役仆。仁者就像射箭，射不中靶子，不要责怪射中者，要检讨自己射不中的原因。孟子之教诲，亦是要人做仁者，勿做役仆。

6.5 父子互隐

前文已谈及父攘羊子证之，兹再作述之。叶公语孔子曰："吾党有直躬者，其父攘羊，而子证之。"孔子曰："吾党之直者异于是：父为子隐，子为父隐——直在其中矣。"（《论语·子路》第143页。）语：对……说，告诉。直：坦白直爽。攘：偷窃。证：告发，作证。隐：隐瞒。

有位叫叶公的人告诉孔子，他们那里有个坦白直爽的人叫躬，他的父亲品质不好，偷了别人家的羊，他却出来告发并在法庭上作证。楚令尹下令杀其父，躬却证之。孔子听了叶公的话之后说，我们那个地方也有坦白直爽的人，和你们那里坦白直爽的人不一样的：假若儿子偷了人家的羊，父亲替儿子隐瞒；父亲偷了他人的羊，儿子替父亲隐瞒。我们那里的直爽就是这样的。

孔子为何说父子互隐？程树德先生曾经作过详细之引证。

【直躬，楚叶县人也。躬盖名，其人必素以直称者，故称直躬。】躬：弓。

弓即此直者名弓。【隐，谓不称揭其过失也。】盖子之事亲，当时微谏，论父母于道，不致有过误。若不幸而亲陷不义，亦当为讳匿。……父母之于子虽有罪，犹匿之。……未闻父子之相坐也。……所以从父子之亲是也。（程树德撰《论语集释》第925页　中华书局2008年2月。）

子女之身皆受之于父母，父子连心，荣耻相依，命运共存。故子为父隐，乃孝也，乃天理人情所归焉，直在其中也。

回想起我国上世纪60年代，1966年5月中旬开始的所谓“文化大革命”，颠倒了人伦是非。全国城乡停产、学校停课闹革命，大字报铺天盖地。我当时所在的一县城中学，有一位归国老教师被造反派批斗，工作组竟然叫其子在会上“揭发”其父之“问题”，而其子在工作组的威逼之下，宣布与其父“断绝父子关系”。悲哉！儒家优秀的传统伦理道德被严重摧残矣！

中国上世纪的所谓“文化大革命”，是一场灾难，给我国社会经济科技建设造成了十分严重的损失。“文化大革命”折腾了十多年，终于被以英明的邓小平为核心的坚持真理的中国共产党人所纠正。尤其是近年来以胡锦涛先生为总书记的党中央，非常重视中国传统优秀文化的继承和发扬，我国的优秀传统文化得以继承、发展、繁荣，国人尤其是文化教育科技知识界，重新获得了新生。儒家的伦理道德逐渐被广大民众所接受，孝亲仁爱思想的光辉照耀着广大城乡。

6.6　仁爱无疆

上文学习了孔子“一以贯之”的忠恕思想。就是己欲立，而立人，己欲达，而达人，泛爱众，而亲仁。

在调查问卷第14、15两项，问及对亲朋好友和弱势群体是否同情和关心？有21人答非常同情关心，有59人次答同情和关心，有4人答不够同情和关心，有1人答不需关心。

孔子弟子子贡，是春秋时代的外交家，亦是一位才华出众的商人。有一天，子贡问孔子，师徒一席谈话。

子贡曰：“如有博施于民而能济众，何如？可谓仁乎？”子曰：“何事于仁！必也圣乎！尧舜其由病诸！夫仁者，己欲立而立人，己欲达而达人。能近取譬，可谓仁之方也。”（《论语·雍也》第64页。）病：担心，忧虑。近取譬：以自己打比方，即推己及人也。

子贡：姓端木，名赐，字子贡。孔子学生，比孔子小31岁。子贡能言善辩，利口巧舌，善于外交。他利用各诸侯国之间的矛盾，游说（shuì）于诸侯国之间。只要子贡一出，存鲁、乱齐、破吴、强晋而霸越。子贡行于各诸侯国，使势相破，十年之中，五国各有变。

子贡“不受官府之命”，奔走于曹鲁诸侯国之间，“卖鬻贵”，善于猜度，“亿则屡中”，府库充盈。且济贫济众，孔子老年生活起居全由子贡承担。孔子仙逝，弟子们守孝三年，唯子贡守孝六年。

孔子称赞子贡人品“胡琏也”。胡琏可能是海底珊瑚做的器皿，非常之珍贵。

子贡做生意赚了许多钱，博施于民又能济众，但他对仁和圣的概念不太明白，就请教老师孔子。子贡认为能博施于民又能济众的人，能否称得上仁者了？孔子回答：何止是仁者，“必也圣乎！”连古代的尧舜恐怕担心都做不到呢！仁者就是自己做到的事情，也要积极帮助别人去做，己欲立而立人，由己而人，推己及人。也就是前文樊迟问仁，孔子答曰：“仁者爱人！”

孔子儒家思想最高的道德标准就是仁德即爱人，己欲立而立人，己欲达而达人，自己富有之后，勿忘众人。推己及人，一心一意帮助贫困之人群。中华民族这一伟大的优良美德传承至今，且不断发扬光大！

孔子曰：“如有周工之才之美，使骄且吝，其于不足观也已。”（《论语·泰伯》82页。）吝：吝啬，小气。足：值得。孔子之意是说：有的人具备周公那样美好的道德和才能，如果骄傲自大，不可一世，而且又吝啬自私，处处为私利着想，这样的人其他方面就不必观察了。

早在清朝乾隆年间，安徽徽州商人鲍氏，由于经营有方很是富裕。那几年间，长江流域洪水多发，鲍氏乐善好施，慷慨解囊，几年共捐了6万石

(dàn)稻米、4 万石(dàn)小麦、另有白银 300 万两。这是徽商富裕之善举,受到清廷之赞誉。

现今,中国不少企业家自觉遵从孔子之教诲,己欲立而立人,己欲达而达人,己富不忘众人。他们十分重视平衡利益关系,如江苏黄埔再生物资集团董事长陈光标先生,几年来向社会捐资 10 多亿元人民币,曾经被誉为中国"首善"的慈善家,受到国家总理温家宝的亲切接见!

2010 年 1 月 25 日(大年三十),中国首善陈光标在 5 · 12 地震纪念碑前宣布将自己的生日纪念日改为 5 月 12 日。当日,陈光标率领来自全国各地的 63 位企业家组成的爱心企业团队来到四川北川县城遗址,在 5 · 12 地震纪念碑前祭奠地震遇难同胞。

陈光标大爱之举受到中国政府总理温家宝的亲切接见!

陈光标是江苏黄埔再生资源利用公司董事长,10 年来对慈善事业捐赠款物总额超 10 亿元,是无可争议的"中国首善"。他个人对四川地震灾区累计捐赠款物数额为 1.3 亿元,这成了中国对四川灾区个人捐赠最巨额的一笔。

他还曾在印度尼西亚海啸发生后的第一时间捐款 500 万元,对意大利地震灾区捐款 100 万元,在去年台湾台风灾害中捐款 500 万元。陈光标说,爱心不分国界,希望有更多爱心人士给海地灾区人民送关爱。

陈光标的确很高调。他可以一口报出对四川地震灾区累计捐赠款物数额——1.3亿元，还可以说出10年来对慈善事业捐赠款物总额——7.3亿元，是当年无可争议的“中国首善”。

人们对陈光标的印象来自民间抗震救灾行动：2008年5月12日，这位“老板”带着120人和60台重型机械，从江苏、安徽日夜兼程，成为自发抗灾抵达地震灾区的首支民间队伍。同时，他还带着几十万元的现金现场发放给当地百姓。

坊间对此评价不一。有人认为是“实在”，有人认为是“炒作”。陈光标表示，他听到有人骂他，但他不在乎，做慈善需要高调，中国的民营企业家应该多一些社会责任感。

陈光标在1998年创办的江苏黄埔再生资源利用公司也有些“神秘”：十年来公司没有一分钱贷款，但每隔两个月就有一笔数额不小的款项投入慈善。他的解释是，做事稳扎稳打，但并不具体透露公司年利润数目。

善者善举，善举得仁，得仁得民，得民得心也！得民心者得天下也！

以上资料是我从网上转载了慈善家陈光标的感人事迹，目的是推崇、是宣扬，是鼓励已经富裕的中国当代企业家们，向陈光标先生学习，做到己欲立而立人，对国家和社会施仁道者，爱人也！

2008年5月12日，四川汶川大地震发生之后，四川郎酒集团捐资5000万元给灾区百姓；山东省日照钢铁公司捐资1亿元，给四川双流县新建一所棠湖小学，让那里的孩子们高高兴兴地回家上学。

中国改革开放30年，国民经济发展迅速，民营经济如雨后春笋，蓬勃兴起。据美国《福布斯》杂志公布的2010年全球富豪榜显示：目前中国亿万富豪为全球第二多。2010年全球身价超过10亿美元的亿万富豪共有1011人，净资产达3.6万亿美元，比去年增加了近一半。其中亚太地区亿万富豪234人，比去年增长80%。中国内地富豪人数从2009年的28人，增加到了今年的64人，超过俄罗斯成为美国之外的亿万富豪最多的国家。如果加上香港的25人和台湾地区的18人，中国亿万富豪人数占到富豪榜的10.1%还要多。

中国内地排名第一位的是娃哈哈集团的董事长宗庆后70亿美元，排列全球富豪榜第103位；希望集团董事长刘永行50亿美元，排在第154位；苏宁电器集团董事长张近东45亿美元，排在第176位。中国香港的李嘉诚以拥有210亿美元排在全球富豪榜第14位。中国富豪激增与中国经济快速增长密不可分，更是和中国政府的利好政策分不开的。（以上资料来源：环球时报2010年3月12日。）

正如涩泽荣一先生指出的："为仁不富，为富不仁，就利远仁，据利失义。……误解孔孟教义，使得从事生产事业的实业家们的精神几乎都变成了利己主义。在他们的心目中，既没有仁义，也没有道德，甚至想尽可能钻法律的空子去达到赚钱的目的。因此今日多数称为实业家的人，几乎都抱着一种只要自己能挣钱，他人和社会都可置之度外的观念。"（《论语和算盘》68、69页。）涩泽之言真是入木三分也。

英国哲学家培根曾经说过："一个人应当把利己之心与利人之心理智地加以区分，对自己要忠实，但也要与人无欺，尤其是对君王和国家更是如此。把自己的私利作为一切行动的中心，是很不好的。……这种情况若是出现在一位臣仆或一个共和国公民身上，那就是一件极其恶劣的事了。"（刘永升主编《培根论说文集》103页。）

今日一些国有企业的总裁，他们依靠国家的巨大投资，名义上经营国有公司的资产，利用国有资源，不择手段处处为己谋私利，对国不忠，对众不济，有的连对自己的父母也不敬不孝，干着极其恶劣的卑鄙勾当。

培根还说过："我认为，'善'的含义，就在于有利于人类，也就是希腊人所谓的'爱人'；而用时下流行的'人道'一词来形容，还稍嫌不足。"（《培根论说文集》。）

穆勒说："因为功利主义的标准不是指行为者自身的最大幸福，而是指最大多数人的最大幸福。如果说一个高尚的人因其高尚而永远比他人更为幸福这种观点姑且值得怀疑的话，那么他的高尚使他感到更加幸福、使广义上的世界成为巨大的受益者则是不容置疑的事实。故功利主义唯有普遍培养人们的高尚情操方能实现其最终目的，哪怕每个个体只能通过他人的高尚而受益，哪怕自身的幸福在泽被众人的过程中受到严重的削弱。”(《功利主义》第二章，29页。)

由此可以看出，西方学者提出“功利主义”之学说，首先是讲“功利”的目的是使人快乐和幸福，而且是使最大多数人幸福和快乐，使众人之生活尽可能远离贫穷和痛苦。(无论是考虑自身的善还是他人的善。)穆勒称之为“最大幸福原理”，这与孔子“泛爱众而亲仁”的思想主张是相一致的。那种只顾自己发财，不顾社会贫苦百姓的富豪们，比豺狼好不了多少。

培根指出：“善，还不是一种慈善的行为习惯，后者只是现象，而前者则反映了性格的本质。善在人类的一切德行及精神品质中是最伟大的，因为他是上帝的特性；如果没有善这种德行，人就会成为一种庸庸碌碌、有害无益、卑贱不堪的东西，比虫豸好不了多少。”(刘永升主编《培根论说文集》66页。)企业家富裕之后，应爱众亲仁，乐善好施，回报社会。

香港爱国实业慈善家李嘉诚先生一向济贫好施，乐于济众，2008年5月，四川汶川大地震后，慷慨捐资一亿元人民币；港星成龙先生亦是受国人尊敬的人士，把自己的上亿元无私捐给四川地震灾区；姚明也慷慨捐资3000万元。众多善者之感人事不胜枚举矣。

仁者辉煌！大爱无疆！

2010年4月14日早上7时49分，中国青海省玉树县突然发生了7.1级强烈地震，一时房倒屋塌，众多藏族群众被埋在坍塌的楼房里。一场生命大营救的行动立即在玉树当地和全国四面八方展开。中国政府总理温家宝、国务院副总理回良玉第一时间赶到玉树灾区，指挥抢救生命大行动。

当时正在外国访问的中国国家主席胡锦涛，提前结束访问回国。胡主席刚踏上国土即召开紧急会议，研究部署玉树抗震救灾工作；并不顾长途飞行之疲劳，立即赶往玉树灾区，看望受灾藏族同胞，慰问抢险救援解放军、武警部队、消防官兵、公安民警和积极组织救援大行动的当地政府干部们。胡锦涛主席看望学生时，在帐篷教室的黑板上工整地写道："新校园，会有的，新家园，会有的！"这是中国国家主席对受灾百姓和世人的庄严承诺！相信一定会实现孔子"老者安之，少者怀之，朋友信之"的美好愿景。这充分体现中国共产党和中国政府领导人爱众亲仁之举！

4月20日晚上，中共中央宣传部、广电总局、中央电视台、中国红十字会、中国慈善总会、中国政府民政部联合举办了一场"情系玉树，大爱无疆"献爱心捐助文艺演出，募得善款21.75亿元人民币，大大超过2008年四川汶川大地震时的15亿元的募捐善款数，充分说明中国人民的普世价值观正在提升，一大批企业家们正在遵从孔子之教诲：己欲立而立人，己欲达而达人。

博施于民而能济众，仁者！圣者！——子贡语录

在支援玉树灾区捐助活动中，年轻的台湾艺人刘谦先生慷慨捐助30万元人民币；澳门同胞捐助1亿元人民币，香港同胞仅一天时间就捐助了4500多万元。香港的义工黄福荣为救玉树孤儿院的师生，献出了自己宝贵的生命。演艺界成龙、李连杰奔赴玉树灾区，积极参加救援献爱心活动。

旅居海外侨胞心系祖国灾区人民，积极为玉树地震灾区奉献爱心，捐资13000万元。国际社会为中国玉树捐款300多万美元。

己欲立而立人，己欲达而达人！可谓仁之方也。——孔子语录

善在人类一切德行和精神品质中是最伟大的！——培根语录

我国著名科学家钱学森自称姓钱不爱钱，几次把国家奖励给他的巨额款项捐献出来。早在上世纪80年代，钱老已捐款上百万元。1994年，他获得何梁何利基金奖，奖金100万港元；2001年，他又获得霍英东先生“科学成就终身奖”，奖金100万港元。这两笔奖金的支票还没有拿到手，钱老就叫人代他把钱捐献给西部沙漠治沙事业。钱老说：“我姓钱，但我不爱钱。”多么高尚的品质啊！他的高风亮节令世人敬仰！

（以上资料选自拙作《论语与商道》第81—89页。）

中国工程院院士袁隆平先生是我国杂交水稻之父。他于1987年获得联合国教科文组织科学奖1.5万美元，而他却把这1.5万美元全部捐出，后来他又把多年获得的奖金用于奖励在水稻科研中有突出成就的科技人员。袁院士的生活十分俭朴，他每个月的薪资只有4000元。他和老伴去商店买衣服，他只买了10元一件的上衣，他说这是为下田里做实验穿的。

袁院士每年3月初乘飞机去北京参加“两会”，从不坐头等舱。一间不大的办公室从未装修过。这种高风亮节实在令国人感佩焉！

美国微软集团总裁比尔·盖茨先生把500多亿美元捐献给慈善基金会，只给子女留少许资金，此举受到世人的高度赞扬。沃伦·巴菲特先生在2008年就把数百亿美元捐给了慈善基金会。

中国几千年优秀的儒家文化，培育了一代又一代中国仁人志士。是这些仁人志士们的光辉业绩照耀着当今海内外华夏儿女，继续奉献大爱，谱写一曲又一曲大爱无疆的鼓舞人心的赞歌！

辽宁省鞍山钢铁公司的郭明义，是一位普通的铁矿山管理员。他家境清贫，16年间，他为受灾群众和失学儿童累计捐资12万元；20年来无偿献血55次，挽救了许多人的生命。

郭明义师傅追求纯粹,做好事从不留名,不声张,矢志不渝地追求真善美。被国人誉为"爱心使者"、"雷锋传人"。目前,他积极倡导组建了爱心团队,参与者达数百人。

张平宜:现年 52 岁,我国台湾《中国时报》资深记者。从 2003 年至 2011 年,她辞去丰厚的上百万元的年薪,毅然跑到四川凉山彝族自治州的越西县,在一所专供当地麻风病人子女读书的学校支教。其间,遇到的困难无法形容,都被这位来自海峡对岸祖国宝岛——台湾的坚强女士所战胜。她的大爱之举,是全体中华国民爱众亲仁精神的伟大体现!

张平宜和她的学生

被誉为高义薄云的胡忠、谢晓君夫妇。胡老师原本是成都一所中学的化学老师。11 年前,胡老师告别妻子谢晓君和刚出生的女儿,来到四川甘孜康定县塔公乡福利学校支教,每个月只领取 300 元钱。

这所福利学校地处海拔 3800 米,甘孜州 13 个县,有 4 个少数民族的 143 名孤儿在这里读书。胡老师不仅给学生上课,还兼任炊事员做饭给孩子们吃,还负责学生们的生活辅导、打铃,卫生等事情。胡老师关心每一个孤儿,当地老百姓把他称为"菩萨老师"。

2003 年,胡老师的妻子谢晓君带着 3 岁的女儿,远离平原大城市的成都市，毅然来到海拔3800米的甘孜福利学校与丈夫“会师”，在福利学校担任音乐、数学、生物老师和图书管理员。她和三岁多的女儿克服高原缺氧的严重不适，坚持近10年，还把工作关系转到康定县，表示“一辈子呆在这儿”！

胡忠、谢晓君夫妇和他们的学生照片 狭义巴郎——阿里木

2001年，新疆青年阿里木只身来到西南贵州省毕节市。为了谋生，阿里木摆起地摊卖羊肉串。他那热情的面孔，风趣的新疆语言，招来许多吃羊肉串的过路人，由此生意逐渐红火起来。

阿里木和他的学生

阿里木的收入增加了，但他却仍然很简朴，租了一间极为简易的房子，

每天三餐只吃10元钱。省吃俭用,却把节省下来的钱全部捐给了因家境贫困而辍学的小孩。后来,他得知大方县的一所小学的学生没有书包,他买了181个书包,翻山越岭,跑了两个多小时,把书包送到孩子们的手中。

十多年来,阿里木资助了多少名学生,已无法统计,到今年他共捐助了15万元,阿里木被当地百姓誉为"草根慈善家"。

河北沧县一位年逾古稀的老人——白方礼,几十年来,靠蹬三轮车,捡废旧物资,挣得35万元,都捐给了当地小学的孩子们。老人家的无私奉献之精神实在是伟大啊!

上述慈善家陈光标、爱国港人李嘉诚、成龙及"爱心大使"郭明义、胡忠谢晓君夫妇和来自台湾的张平宜等一大批道德模范,传承了孔子"己欲立,而立人""泛爱众,而亲仁"的伟大思想,是值得我华夏子孙万代效法的!

本章小结

本章共5节,第1节论述孝亲,第2节论述父子亲情互隐,第3节论述仁者仁道,第4节论述义与利;第5节论述仁爱无疆。孝乃仁之本,孝亲乃小孝,爱众乃大孝。爱众就是爱国之体现也,孝与爱皆仁之体现也。中国的后N代们要遵循孔子儒家之教诲,传承孝仁之美德,以当代道德模范为楷模,做孝者,更要做仁者,己欲立而立人,己欲达而达人。通过创办实业,振兴我华夏之邦。

7 实业兴邦

7.1 实业兴邦

我在问卷调查问及将来对个人工作之选择，选当官者6人，选科学研究者14人，选创办企业者27人，选入伍当兵者3人。由此可见，年轻人希望自己创办实业，兴国利民为数居多。

早在我国古代周朝的春秋末期，就有一些人拥有生产资料和货币。他们大都是个体工商业者，其中有的人成为大作坊主和大商人。据史料记载："鲁人身善织屦，妻善织缟（gǎo）而欲徙（xǐ）于越，或谓之曰：'子比穷矣。'鲁人曰：'何也？'曰：'屦，为履之也，而越人跣（xiǎn）行（光脚行走），缟（旧时的用丝织的一种白色绢品，白色细绢），为冠之也，而越人披发。以子之长，游于不用之国，欲使无穷，其可得乎？"（原著韩非　编著司马哲《韩非子·说林上》第153页中国长安出版社2009年6月。）由此可见，我国春秋时期，纺织手工业已经出现了。

当时越国的范蠡在越王勾践打败吴国之后，预感到将受到越王之迫害，乃偕家人乘扁舟，逃到山东齐国境内，从事经商致富活动。举《史记·货殖列传》记载："朱公以陶为天下，诸侯四通，货物所交易也。乃治产积居，与时逐，而不责与人。……十九年之中，三致千斤。……子孙修业而息之，遂至巨万。"

范蠡在齐国经商致富，"尽散其财以分只友乡党，而怀其重宝，分散与贫交疏昆弟，此谓之富好行其德者"。

孔子学生子贡有一天设问孔子曰："有美玉与斯，韫椟而藏诸？求善沽而沽诸？"子曰："沽之哉！沽之哉！我待沽者也。"（《论语·子罕》第92

页。)韫椟(yùn dú):韫,收藏。椟,匣子。

沽:买卖意。待价而沽;沽又水名,在天津市北塘入海,故称之塘沽,又名白河。沽又假借贾(音 gǔ),而有买卖之意。由买而引申获取,猎取。贾:古时特指坐商,与行商相对。做买卖多财善沽。(参见新华大字典第404、411 页。)

商:泛指买卖商品的经营活动。商的本意是指对某物从外向里估测质量优劣,又泛指估量,互相交流看法,商谈品质并估价;后引申为贸易,再转至做贸易的商人,如儒商,富商、外商、奸商等。

子贡:姓端木,名赐,字子贡。孔子学生,少孔子三十一岁。子贡利口巧舌,能说会道,善于外交。他利用诸侯国之间的矛盾,游说于各诸侯国之间。故子贡一出,存鲁、乱齐、破吴、强晋而霸越。使诸侯国相势而破,十年之中,五国皆有变。

子贡有天设问于孔子:这里有一块美玉,是把它藏在柜子里还是找个懂玉的商人沽个价,把它卖掉呢?这时孔子连声说:卖掉吧!卖掉吧!我等商人快来吧!卖之不疑也。这里子贡寓意孔子是块美玉,当时无人识孔子,致使孔子不被重用,求仕不得,报国无门,其心情非常之郁闷。所以,子贡才设问孔子,此问表现子贡深思之商才焉。

对于兴办实业,问卷调查 43 位被访者中,有 27 位后 N 代们表示乐意"创办企业"。正如被誉为日本近代实业之父的涩泽荣一先生所言:"我常常认为要使一件事物有进步,必须具有巨大的欲望,以充分地去谋利,否则的话,绝难有所进展。但是,过于空想,只图虚荣的国民,绝不能促使真理有所发展。因此,我希望政界、军界不要飞扬跋扈,而实业界则要尽力而为,即努力增加财富,这要是做不到的话,国家就不能富庶。"(涩泽荣一编著　王中江译《论语与算盘》第 1 页　江西人民出版社 2007 年 1 月。)

7.2　善猜度　亿屡中(商才)

子曰:"回也其庶乎,屡空。赐不受命,而货殖焉,亿则屡中。"庶:庶几,差不多。屡空:经常陷于贫乏之中。不受命:子贡没有得到官府批准就去做生意。货殖：囤积财货以牟利。亿：通臆，猜度。（《论语·先进》第117页。）

回：颜回，字子渊，鲁人，少孔子三十岁。是孔门弟子中最受孔子推崇的学生。他学习勤奋，不迁怒，不二过，闻一知十，令世人称颂；品格高尚，邦无道，不入仕，故屡空，过着箪食瓢饮的简朴生活。由于营养极度不良，发早白，在三十岁时就离开人世。孔子为之恸哭！悲哉！

赐：即子贡。“子贡好废举，与时转货赀（zī）。喜扬人之美，不能匿人之过。常相鲁、卫，家累千金。”（马玉琴主编《二十五史·史记·仲尼弟子列传》第226、228页。）

“赐不受命，唯财货是殖，亿度是非。……殖，积也。……子贡货值，谓居货财以生殖也；……亿，度也。……货值传云，子贡即雪域仲尼，退而仕卫。发贮鬻（yù）财曹鲁之间，七十子之徒最为饶。而颜渊箪食瓢饮，在于陋巷。子贡结驷连骑，束帛之币，聘享诸侯，所至，国君无不与之分庭抗礼。”（程树德撰《论语集释》第780页。）古代商旅皆有官府主管，凡民自七尺以上属诸三官，工农栗，工攻器，贾（gǔ）攻货，……质剂掌于官，度量纯制掌于官，货贿之玺节掌于官。

子贡不受官府之命，不受不义之禄，来往于曹、鲁诸侯国之间，以自己的能力，猜度市场行情，了解百姓之需求，把握商机，赚鬻（yù卖，与烹煮有关）贵，亿屡中焉。子贡实乃我国古代知识分子下海经商致富之楷模焉！

子贡善猜度，致富有方，实乃经商之奇才。且能广施于民而博施于众，孔子率众弟子周游列国，长达十三年之久，大部分经费可能是由子贡承担的。孔子老年，衣食无着，亦全由子贡支付。子贡之高尚品质和商才，是值得国人颂扬的，也是值得我国后N代们效法和继承的。

我国清朝时期，随着商品经济的发展，逐渐形成四大商帮。著名的晋商、浙商、广东潮汕商、安徽的徽商等。后被誉为“红顶商人”的胡雪岩就是近代安徽徽商之代表人物。

商人具有灵敏的嗅觉，往往从时局变化入手，打开经营局面。胡雪岩先生认为自己做的生意大多与时局有关，无论是官府或是百姓，他都予以关注。例如，他的钱庄吸纳太平军将士存款，他就预感到太平天国覆亡之期不远矣。于是，在清军被太平军围困于杭州城内，粮食渐空的紧急情况下，他冒着极大的危险，策划从上海装一万石（dàn）大米，千方百计辗转偷运到杭州城内，救了城内清军和饥民的命，从而得到杭州士绅百姓的赞许，尤其是得到坚守杭州城的清朝政府管员左宗棠的信任，左宗棠本来想以贪污粮款的罪名严惩胡雪岩的，后却荐举胡雪岩负责杭州善后诸事的处理。

善猜度，亿则屡中，就是说经商一定要善于把握商机。商机稍纵即逝，稍不留意，财富就可能从你身边溜走。故凡会做生意之商人，大都十分注意寻找商机，把握商机。及时抓住商机，选择经营目标，开展经营活动。

后来，胡雪岩总结说："凡事总要动脑筋。说到理财，到处都是财源。一句话，不管是做官的对老百姓，做生意的对雇主，如果你要想人家腰包里的钱，就要把人家伺候得舒服，人家才肯心甘情愿掏腰包。"（赵月华编著《左手曾国藩　右手胡雪岩》第186页　石油工业出版社2008年1月。）

7.3　瞻前顾后——经商要有战略眼光

古代子贡善猜度，善于审时度势，当时鲁国政府规定，凡经商须经政府批准，有红头文件才可做买卖，否则就叫违法。子贡打政府政策的擦边球，他奔波于曹鲁之间，卖鬻贵，赚得大把钞票，因而亿则屡中，府库充盈，并能博施于民而又济众，实乃我国古代经商之奇才也。

近代徽商胡雪岩善于动脑筋，把握商机，利润大增，并获得清廷的信任，冠以"红顶商人"之称号。这与先贤们的善于审视的远大眼光是密不可分的。

胡雪岩先生认为：做生意要想赚钱，就必须有长远的计划目标，切勿只盯着某一件事情和眼前利益上。要"吃一个，挟一个，看一个"，亦可理解为"吃一、看二，眼观三"。要有前瞻性，看清生财的大方向，设定大目标。即现代人所说的发展战略目标。

诸多后N代们愿意创办实业，可从子贡、胡雪岩等先贤们经商致富之经验中悟出些道理。首先要设定做什么事情能获得利润，是搞研发做产品，还是开商铺经营批发或零售业务。这是首先必须考虑、运作、筹划的大事。再者，选择恰当地点，亦很重要。企业规模视投资数额而定。切勿盲目从事，目标不清晰，乱投资乱花钱，必然导致经营失败焉。

中国现代企业界创业者中，商才辈出。香港的李嘉诚先生致富之成功经验，是华人商界之佼佼者。当年他从学徒开始做起，学习做塑胶花的技术，积累经商之经验。后来李嘉诚先生抓住契机，选定经营目标，成立长江实业公司，不断研究瞻前顾后的经营方略，很快成为香港有名的实业巨子。

再回到"红顶徽商"胡雪岩生财之道上来。胡雪岩认为：经商需要投资，而投资项目的选择是第一件大事。任何人欲致富必须考虑好经营目标，尽可能使投资人获取利益最大化。同时，要敢于冒险，善于吃亏。这也是瞻前顾后焉。

前文提到胡雪岩冒险给被困杭州城内的清军送一万石（dàn）大米之事，使得他转危为安。不但避免了左宗棠的惩罚，还获得清廷的信任。还有一次，胡雪岩从一青帮（太平军支持者）取钱者那里获得信息，此人要取数额巨大的银子，引起胡雪岩的注意，经细问缘由得知：青帮取钱是为了从洋人那里购买军火。胡雪岩立即策划抢先一步，租一小火轮从杭州赶往上海，经过几道关打通了洋人，迅速拿到一批军火订单，仅此一笔买卖，胡雪岩就获利5000多两白银。这个案例足以说明：把握商机对经营者来说是竞争取胜的前提，是商家智力竞赛的体现。商场比输赢，就是比企业家智力高低焉。

黑格尔曾经说过："哲学的认识方式是一种反思——意指跟随在事实背后的反复思考。"（星汉编著《世界上最经典的哲学故事》第4页。）人们做任何事情之前既要学会瞻前，也要顾后。事情做后需要反思，需要对已发生过的事实进行再认识，即对"认识的认识"，对"思想的思想"，从中吸取经验与教训。先哲子贡和近代商人胡雪岩都是善于对"认识的认识""思想的思想"的高人。他们善于探索、善于思考，既有前瞻又有后虑，亦称之为瞻前顾后也。这是企业家反思智力的体现,这种思考智慧决定企业的领导力。

7.4　无用乃大用——善领众人行

庄子曰:“人皆知有用之用,而莫知无用之用也。”(星汉编著《世界上最经典的哲学故事》第8页。)

企业家是大用之人。创办实业,以正道获得财富,利国利民也。需要一个管理团队和数量不等的员工,形成一个组织集体。开始时人数不会太多,也不应太多。当你的企业发展到一定的时候,企业规模逐渐扩大,员工逐步增加。此时,你就要当个大用之人。学会善当众人之首领,动员众人为公司的发展,为实现远大目标而奋力拼搏。经过长时间的“大用”,你就会逐渐变成无用“无为”之人了。

庄子倡导“无为而治”,实乃无用而用。企业老板须知无为必先有为,尤其在创业期间,恐怕是“造次必于是,颠沛必于是”。像汉高祖刘邦刚当上皇帝时就“一餐三吐哺(bǔ),一沐三握发”。这不仅是有为,而且是有大为也。当头领的不会一开始就享清福的,打天下靠拼杀,坐天下靠德行靠智慧,更伤神也。

企业老板如何当好员工之首领,率众人行,这是企业领导者个人品德、领导能力和领导艺术的综合体现。

子曰:“为政以德,譬如北辰居其所而众星共之。”(《论语·为政》第10页。)共:通拱,环抱,环绕。

孔子这里是指国君要做到为政以德,就是用德教化百姓,就会得到百姓之拥戴。做国君如此,当个企业老板亦应如此。无非是管理权限之分。做国君难,做企业老板亦不易也。要想使企业员工积极性得到充分发挥,就必须遵从孔子之教诲,用仁德治理企业,善待员工。

有位学者说过:“信誉和真诚是领导力的基石。”企业不仅对顾客要讲信誉和诚信,对内部员工更要讲信誉和真诚。如若基石不牢,企业大厦必将倾覆焉。而信誉和真诚正是德政之重要内容也。只要遵循仁德,就会有诸多跟随者为你的事业拼搏，那时你就“无为无用”了。

下面论述的是企业家个人修养和用人之道，都是变有用为无用的过程。

季康子问政于孔子。孔子对曰：“政者，正也。子帅以正孰敢不正？”帅：率领，带领。（《论语·颜渊》第131、132页。）

鲁国权臣季氏康子向孔子请教如何从政。孔子告诉他说：政这个字就是端正，方正，中正，不偏不倚。处处以身作则，做到子帅以正，哪个还敢不正呢。

季康子：鲁国大夫，姓季孙，名肥，“康”是他的谥号，鲁哀公时最有权势的人。（《论语·为政》第17页。）

哀公问曰：“何以则民服？”孔子对曰：“举直错诸枉，则民服；举枉错诸直，则民不服。”（《论语·为政》第17页。）

用人是领导人的重要职责。孔子之意是要“举直错诸枉”，即用正直之人，才能使民众心悦诚服，服从管理；如若用人不当，甚至于小人当道，那些正直者就会不服气，不听使唤，不会效忠企业，不愿为企业出力。

季康子问孔子：“使民敬，忠以劝，如之何？”子曰：“临之以庄，则敬，孝慈，则忠；举善而教不能，则劝。”敬：恭敬。劝：劝免。如之何：怎么办。临：对待。庄：恭敬庄严。孝慈：孝敬父母，慈爱百姓。善：品德高尚的人。

季康子问孔子：如何使民众恭敬，做善事尽力，应当怎么办才好？孔子回答曰：对百姓态度要庄重，百姓就会对你敬重；你能做到孝敬父母，对百姓慈爱，他们就会对你忠心不二；你能举用品德好的人，对能力差的人进行教育，老百姓就会勤奋自勉了。

以上论述，突出孔子强调的是领导者的为人，自己要正，并要举荐正直之人；还要对百姓慈爱。这些都是关乎领导力的实现，是领导者道德修养的重要内容。

关于“道”，我在前文已作论述，不再重复了。关于德，请后N代们细读《论语》，几乎每一章节都讲到“德”。

何谓"德"?

1)道德:节操,好的品行。德才兼备。

2)恩惠:情义,恩德,德政,感恩戴德。

3)心意:意志,信念,同心同德,离心离德。

4)国家:德国。

5)姓:云南省的德昂族。(参见周斌等编《新华大字典》第164页。)

德的本意是指道德、品行,引申为信念、心愿,又可指恩惠、恩德。亦可用作动词,如感恩戴德。儒家倡导德政,用恩惠善待百姓,必然会得到百姓之衷心拥护。

企业家要善当众人之首领,亦须实行"德政",用道德感化员工。何谓德政?德政即仁政焉。要遵从孔子之教诲,努力做到对员工温、良、恭、俭、让,用恭、宽、信、敏、惠五种道德善待员工。

毛泽东先生曾经指出:战争之深厚根源来自于民众之中。革命战争是群众的战争,只有动员群众才能进行战争,只有依靠群众才能进行战争。打赢战争必须依靠民众,现今市场经济,竞争异常激烈,商场即战场,虽然没有弥漫的硝烟,隆隆的枪炮声,但商家之间你死我活的竞争态势,丝毫不逊于战场,甚至于更为残酷。所以,办好企业,亦须紧紧依靠广大员工,众人有为,高层出思路,中层出套路,员工做事就会上路,才能实现"赢"。

领导者的品质跨文化调查比较

国家	真诚	有前瞻性	有激情	有能力
澳大利亚	93	83	73	59
加拿大	88	88	73	60
日本	67	83	51	61
韩国	74	82	55	62
马来西亚	95	78	60	62
墨西哥	85	82	71	62
新西兰	86	86	71	68

续表：

新加坡	72		76	69
瑞典	84	86	90	53
美国	89	71	69	68

资料来源：(美　詹姆斯·库泽斯 巴里·波斯纳著　李丽林　张震、张震东　译《领导力》第24页　电子工业出版社2011年1月。)

从上表调查内容可以看出，企业家的真诚列为第一项，这是经商成功之首要条件。无论是中国企业家或是外国老板，做生意都必须首先做到真诚，善于应变，才能赢得成功。

7.5　道可道——变与不变

老子是我国古代一位奇怪的人物。传说他骑着青牛往西经过函谷关时，被驻军头领拦截下来，让他写文章。他一夜之间写了5000言，名之曰《道德经》亦称《老子》，被后人誉为中国古代伟大的自然主义哲学家。

在老子那里，道是无极，包含万物。无论是宇宙自然天地万物，都包含在道中，这就是"可道"。常道乃变化之道，万事万物都在变化之中，常变常新，常新常青焉。老子道家言的"道"，与孔子儒家之道，既不同也相同，都是教诲人们要遵循规律——天地自然规律和社会人伦规律，只不过侧重点不同而已。

老子云："故，有无之相生，难易之相成，长短之相形，高下之相倾，音声之相和，前后之相随。"(任法融释义《道德经》第30页　东方出版社2009年12月。)

这就是中国古代先哲教导人们认识世界的辩证法。世界上无有互相转化，你本来一无所有，但只要寻"道"，你就可以变成有，穷就会变成富；反之亦然。

古希腊哲学家赫拉克利特认为：一切皆流，无物常住。这与老子"可道""常道"的精彩论述何其相似焉。

老子

前文提到孔子对政治形势的分析，已作论述。兹再引先哲之言。子曰："邦有道，危言危行；邦无道，危行言孙。"（《论语·宪问》第149页。）危：正，正直。孙：通逊，谦逊，恭敬。

细读孔子此段教诲，就可体会到先哲是在教导人们要有应变能力。要善于观察国家政治形势，做到因势而变，才能适应复杂的环境。国家政治清明，既要做到语言正直，又要行为正直；如果国家政治黑暗，做人要正直，但语言须谨慎，以防言多必失，甚至招致杀身之祸焉。

子曰："加我数年，五十以学《易》，可以无大过矣。"（《论语·述而》第70页。）

孔子之意是说：只要能增加我的寿命，使我能多活几年，到五十岁学习《易经》，就会没有大的过错。

《周易》又称为《易经》，传说我国古代伏羲、文王经过多年的观物取象，做八卦，八卦并撰形成卦爻辞，八卦叠加成六十四卦。有学者称《易经》乃群经之首，是中国古代最早的一部哲学专著。

"易"：变也。天地、宇宙、日月星辰，鸟兽草木，皆阴阳变化有序。人类社会亦处在不断变化之中。故而变是绝对的，不变是相对的。

后N代们不但要有"变"的思想，更要有应变之能力。时时把握"变易""简易""不易"之规律，在简单事物中精心寻找变与不变之关系。带领团队发挥积极创造之精神，实现企业效益最大化。

要学会分析。因为“易”即变，“变”切勿盲目从之。必须认真分析“变”的各种条件。时下管理学界称之为“SWOT 分析”。

优势（Stengthens）　　劣势（Weakness）

机会（Opportunity）　　威胁（Threatens）

上述四个方面分析，是企业经营者掌握“变”的主动权的必不可少的基本功。这里既有企业管理者的战术，也有技巧，更有心智。分析事物是否精准，关乎企业竞争成败。有人认为：研究分析失败，就是研究如何成功。成功是失败之子，失败是成功之母，因为成功往往是转败为胜之后获得的。无失败的常胜将军是不存在的。

子曰：“工欲善其事，必先利其器。”（《论语·卫灵公》第 170 页。）

孔子之意是说：工匠要想把加工物件做得精美，必须先要把工具磨锋利，才能事半功倍。上述论及《易经》之变易，由不变到变，由“不易”到“简易”，实际上就是坚持一个“变”。只有不间断的“变”，才能创造出新的事物，推动社会不断进步。

《易经》言变，须把握以下八个要点：

1）位：位置，空间，时间。注意各个环节的异同，区别阴位与阳位。企业管理团队成员应各在其位，各履其职，各负其责。上、中、下各层关系均需做到“与时俱进”。

2）时：指把握变的时机，注意时效。时行则行，时止则止。不可不变，不可急变，随机应变，水到渠成焉。

3）应：变革一声令下，全员积极响应、呼应、应答。应天、应地、应人、应事、应急。不同时间不同事物，作出不同反应。

4）中：时中，中正，中介，中节，居中，中庸。“中”即“度”。做事说话须要把握好“度”，不“过”亦不及。

子曰：“恭而无礼则劳，慎而无礼则葸；勇而无礼则乱，直而无礼则绞。君子笃于亲，则民兴于仁；故旧不移，则民不偷。”（《论语·泰伯》第 78

页。）葸：胆怯，害怕。绞：说话尖刻，刺人。笃：忠实。旧：老朋友。偷：薄，淡。

孔子指出上述两种类型之人，则劳者与则葸者，均属不及；则乱者与则绞者均属“过”头。所以，君子说话做事要把握好“中”，才能实现“众星共之”也。

5）正：正心，中正，正己。方正，外圆内方。做人须有时有棱角，有时无棱角。即使有棱角，亦不能随意刮人，伤人。另外，正人需先正己。

孔子曰：“政者，正也。子帅以正，孰敢不正？”（《论语·颜渊》第131、132页。）望后N代们谨记先哲之教诲，努力做到言语正，行为正，办事公即正。

6）比：比较。比做人，比事业。知己知彼，博弈制胜。前文论及SWOT分析，实际上就是言“比”。有四种情况：

a知己不知彼；b知彼不知己；c既不知己也不知彼；d既知己也知彼。一个企业家要想实现竞争取胜，最好是做到既知己也知彼。一年四季春夏秋冬，是在比较之后才知晓季节变换，自然界发生变化的。

7）承：承接，承袭。自下而上，承载优良传统。

8）乘：乘车，乘飞机，乘机，乘法。这里言“乘”，往往是指自上而下。

研究“可道”“常道”，既是研究“变”，也是研究变之规律，其目的是为了适应时代不断变化之潮流，紧跟形势，随机应变，实现企业“赢”。

7.6 伟大的赢

早在2500多年前，伟大的先哲——孔子就提出“富与贵，是人之所欲”的思想。富即富裕；贵即高贵，或指地位、权力等。通过创办实业，以“仁、诚、信”之道，才能致富，富才可称之为“赢”。

管理大师杰克·韦尔奇先生指出：“我认为赢是伟大的，不仅是‘好’，而且是真正——‘伟大的’……不消说企业争取赢的手段必须是光明正大的——应该很干净、遵守规则，这是先决条件。”（杰克·韦尔奇著《赢·怎样才能赢》前言　中信出版社2007年9月。）

实现赢有何意义呢？韦尔奇认为：经商活动，如若取得了赢，就是公司盈利了，员工也得到了茁壮成长。对于盈利企业的员工来说，“他们在市场上有了更多的工作机会和创业机会，他们对未来更加充满自信，有钱送自己的孩子去上大学，能够得到更好的医疗服务，买得起度假别墅，退休生活也有了更好的保障。”这是指盈利的企业，不仅能够给员工带来利益和实惠，还能使员工做慈善，奉献社会。“赢的结果可以惠及周围所有的人——让世界变得更美好。”（同上书。）就可以实现孔子的“老者安之，朋友信之，少者怀之”。（《论语·公冶长》第51页。）这也就是杰克·韦尔奇先生说的“让世界变得更美好”。

做生意如何才能赢？我在前几个章节里所论述的内容，大都与经商获得赢利关系致密。“谈到赢的时候，人是决定一切的因素。”（杰克·韦尔奇《赢》前言。）韦尔奇先生认为：“由最好的选手组成的队伍能赢，因此你要发现和留住最好的选手……”（同上书。）也即是说，企业只有举直错诸枉，使用贤才即“最好的选手”，组成高效办事的团队，才能实现赢！

杰克·韦尔奇

杰克·韦尔奇先生认为：企业实现赢，有四条原则：

第一，要有强烈的使命感和切实的价值观；

第二，在经营的任何环节都绝对需要保持坦诚的态度；

第三，建立精英化的组织；

第四，要让每个人都能得到发言权和尊严。

这四条原则归纳起来就是创办企业要取得赢，要有拼搏精神，坦诚态度，高效经营管理团队，以人为本，尊重每一位员工，让员工有充分的话语权、知情权、表达权。

日本的稻盛和夫在2008年已78岁高龄，担任日本航空公司CEO，当年实现扭亏为盈，赢利1500亿日元，创造世界高龄老人管理现代企业之奇迹！稻盛和夫经营管理哲学主要内容综合整理如下：

1）要明确事业的目的意义。要付出不亚于任何人的努力。拼命工作，竭尽全力。经营取决于坚强的意志。有位企业家说：只要决心成功，就永远不会被失败击垮！

2）胸怀强烈的愿望。要燃起斗志。人要有"斗魂"，要有武士精神，要有责任感。要谦虚，不要骄傲。"谦受益，满招损。"

3）要拿出勇气做事。经营者的知识、见识、胆识、勇气很重要。每天反省。即孔子弟子曾子所言："吾日三省吾身：为人谋而不忠乎？与朋友交而不信乎？传不习乎？"（《论语·学而》第3页。）

4）活着，就要感谢。以关爱和诚实待人。

5）积善行，思利他。真我，利他；自我，利己。

6）不要有感性的烦恼。"小人闲心不为善。"确立美好的、和谐的、平平淡淡的人生。

7）设立具体目标。用数字表示，让员工都明白具体目标，并为之努力。

8）抓好市场销售。精细分析市场，研究竞争博弈取胜对策。产品定价是公司领导的事情，也是领导者的责任。

9）保持乐观向上的情绪。自强不息，与宇宙意识协调一致。

10）不断从事创造性的工作。今天胜过昨天，明天胜过今天，后天胜过明天，将来胜过现在。将来一定更美好。

稻盛和夫的经营哲学既简单又寓意深刻，诸多思想与孔子儒家仁爱思想一脉相承也。望我国的后N代们在自己创办实业的时候，谨记诸多先贤之教诲，既要有远大的目标，更要有强烈的事业心和责任感，关爱员工，共同奋斗。

稻盛和夫先生是一位强人，亦是一位有效的企业管理者。

稻盛和夫

7.7 管理是器官

创办实业，目的是赢。要实现赢，就要重视企业管理。

何为管理？世界级企业管理大师彼得·F·德鲁克先生非常精辟地论述道："管理是现代机构的特殊器官。"（德鲁克著《德鲁克管理学》第237页　东方出版社2009年8月。）

管：形声字，竹为形，官为声。古代管的本义是指类似竹子的乐器。古代的钥匙（shi）呈管状，故钥匙亦称为管。以后人们将管引申为管理，负责。有时也可表示对某事过问、干预，指导，约束等。管：有时指保证、供给（jǐ）。

理：形声字，王为形，里为声。理的本意原指加工玉石时，顺着纹理剖析分开，就是"治玉"。引申为治理、办理，使原本乱糟糟的事物变得整齐有序；旧时亦指天下太平。

德鲁克先生关于"管理"的定义归纳有以下四层意思：

1)管理是器官；

2)管理是机构的器官；

3)管理是特殊器官；

4)管理是现代器官。

只有人和动物具有各种器官。正常人的器官具有视觉、听觉、嗅觉、味觉等功能。所以，人通过自己的器官，对世界上人和事"视其所以，观其所由，察其所安"。而后进行分析、思考、判断，由此及彼，由表及里，去伪存真，作出决策。这一系列过程只有具有一定智慧的人才能够完成。而世界上一切动物虽有器官，是无法具有管理功能的。

管理是机构的器官。机构大到国家政府，中到大型企业，小到百人工厂乃至五口之家，都可称之为"组织"。无论组织规模大小，都必须有人组成的团队进行管理，否则是群龙无首，这样的组织必将是毫无建树的。所以，世界上任何组织都需要管理，都必须有有才能的人，运用自身的各种器官进行管理。任何机构都离不开管理，任何管理都离不开具有器官的人。所以，德鲁克先生说：管理是机构的器官。

德鲁克

德鲁克先生强调“管理是现代机构的特殊器官”。古代社会也有管理,但与现代社会有根本不同的管理。管理对象不同,管理内容不同,管理范围不同,管理标准和要求不同。现代管理具有诸多特殊性。人的自身器官没有变化,眼、耳、鼻、舌、身、意等佛家称之为“六根六识”,现代人与古代人没有任何区别。但现代社会随着科学技术飞速发展,人的器官管理功能也在不断更新,不断进步,以适应现代实业管理之需要。所以,现代管理与古代管理具有诸多特殊性。尤其是高科技计算机技术诞生,信息技术快速发展,人类社会纷繁复杂,五彩缤纷。因此,认真研究现代管理,充分发挥人的器官在现代机构管理工作中的特殊作用,是非常之重要的。

管理须有效。何为有效管理?德鲁克先生认为至少需要“五项训练”。

第一,时间管理,有效的管理者知道如何分配时间,学会有序工作,掌握自己的时间。

第二,要专注于外在的贡献。这里指企业的社会责任,慈善事业。“使大多数人幸福”。(培根语录)

第三,学会主攻目标。“锁定少数几个战场。”“强迫自己订出先后顺序,并坚持到底。”

第四,要“尽量发挥自己的长处”。

第五,要“学会作出最有效的决策”。

(美 彼得·F·德鲁克著 日 上田惇(dūn)生编 齐思贤译《卓有成效的工作管理》第15页 东方出版社2009年1月。)

企业家做到上述五项训练,即可成为卓越的有效管理者。同时,企业家还需注重企业发展战略研究,为公司制定发展目标。

战略是什么?我在《论语与商道》一书中曾经引用杰克·韦尔奇先生的论述:“战略不过是鲜活的、有呼吸的、完全动态的游戏而已。它是有趣的、迅速的、是有生命力的。……真实的生活中,战略其实是非常直截了当的。当你选准一个努力方向,然后不顾一切地实现它罢了。”(杰克·韦尔

奇　苏茜·韦尔奇著　余江　玉书　译《赢》第153页　中信出版社2007年7月。）

韦尔奇先生用拟人之方法，指出战略是“鲜活的”“有呼吸的”，同时还是“有趣的、迅速的、是有生命力的”。运用这种拟人的手法，给“战略”下定义，在世界上是绝无仅有的科学论述。这里要求企业家在制定公司发展战略时，要有积极的思维，发展的思维，绝不能死板僵化，应把你的企业看做具有生命力的人一样，来培养和浇灌，使其长盛不衰焉。

企业从创业之时起，企业家就要具有危机意识，就需注意危机管理。

子曰：“人无远虑，必有近忧。”（《论语·卫灵公》第171页。）孔子之意是说：任何一个人如果没有高瞻远瞩，做事无长远眼光，在不久的将来，就一定会有不好的事情发生，使你产生忧愁。

企业危机主要表现在以下几方面：

1）天灾：自然灾害；

2）人祸：工伤事故，人为破坏，人员跳槽；产品质量；顾客挑剔或投诉；技术设计缺陷；生产工艺差；采购材料质量差；公司高层管理思路出错，执行力差；制度不健全，赏罚不公，分配不公，员工责任心差；公司违规经营。……

从以上分析，造成企业危机的原因：一是天灾，一是人祸。其中“人祸”往往是导致危机的主要原因。因为天灾罕见，人祸常有焉。

所以，企业领导者要把主要精力放在预防危机上。

预防危机就要坚持精细管理。

子贡曰：“《诗》云：‘如切如磋，如琢如磨。’”（《论语·学而》第8页。）这里虽是指人的修养要像加工骨器玉器一样，可引申为企业管理工作必须坚持切、磋、琢、磨。尤其是产品实现过程，要努力做到：精心组织，精细设计，精打细算，精益求精。只要公司战略正确，职责具体，分工明确，就要靠高层尤其是中层管理者精细管理来规避危机，实现企业效益最大化。

案例——海归农民叶凯峰。早在2005年3月22日，在英国留学后回到自己的家乡——浙江省慈溪市，与乡人合资创办养猪场。经过几年的实践，积累了一些资本，于是他把目光又转向种植业。

鉴于当地土地资源紧张，他运用“心之官则思也”，积极实验立体种植，建立温室大棚，采用无土栽培技术，终于获得成功。

本章小结

本章共6节。第1节论述事业兴邦之必要性；第2节论述企业家要善于把握商机，做到“善猜度”，实现“亿则屡中”；第3节论述企业家经商要有战略眼光，要瞻前顾后，不能盲目投资，懂得“欲速则不达”之道理；第4节论述企业家既要有“大用”亦要“无用”，要善当众人之首领，提高领导力；第5节论述企业家应遵循“可道”“常道”，善于应变，在商海博弈中制胜；第6节论述企业管理是器官的道理。

第7章笔者重点论述后N代们如何创办实业，兴国利民，同时还应深入学习孔子先贤们管理哲学思想，靠智慧实现各种赢。

8 智慧制胜

8.1 鳄鱼悖论

有一个故事叫鳄鱼悖论,是说有位年轻的妈妈抱着自己的儿子站在鳄鱼池边看鳄鱼表演。突然一条鳄鱼跳起来把她的宝宝含走了。年轻的妈妈不知所措,哭泣不已。这时鳄鱼对她说:你不要哭了,我问你问题你能回答对了,我就把你儿子还给你;如果你回答错了,我就吃掉你的儿子。

鳄鱼问道:你猜我是想吃掉你儿子呢,还是不想吃你儿子?

年轻妈妈说:你当然想吃掉我儿子。这时鳄鱼正准备吃宝宝,听到妈妈回答对了,就把儿子还给年轻妈妈了。宝宝妈妈同鳄鱼的博弈成功了,她的回答挽救了一个鲜活的小生命。

前文言及田忌和齐国国王赛马第二局取胜,也是高人智慧指点,稍稍调整三匹马出场之顺序,就赢得了胜利。

孔子的智慧超群。在《论语·先进》篇中曰:"子畏于匡,颜渊后。子曰:'吾以女为死矣。'曰:'子在,回何敢死?'"(《论语》第119页。)

这里讲到孔子和弟子周游列国途中,途经在匡地被匡人拘禁。因匡人以前曾受到鲁国季氏家臣阳虎的骚扰,而孔子与阳虎貌相似。当孔子一行途经匡地时,匡人以为是阳虎又来骚扰了。于是匡人把孔子和弟子们围起来,形势非常之紧张。孔子弟子颜回跑散了,后找到老师,孔子开玩笑地说:我以为你死了呢。颜回则说:老师在世,我哪里敢死呢。子路主张和匡人战斗。此时孔子非常冷静,叫子路弹琴。匡人听到琴声,就明白不是阳虎,于是就撤去重围,孔子化险为夷,和弟子们终于脱险了。

在《论语》诸多章节里,几乎都体现孔子的高超智慧。不仅有做人的智慧，更有做事的智慧。

孔子和门人弟子言行所形成的《论语》，是一部人生哲学，道德哲学，启迪人的智慧，提升人的思维能力。对于现代中国人无论是从政还是经商，都具有极大的现实指导意义。

8.2 果断与通达

季康子问："仲由可使从政也与？"子曰："由也果，于从政乎何有？"

曰："赐也可从政也与？"曰："赐也达，于从政乎何有？"

曰："求也可从政也与？"曰："求也艺，于从政乎何有？"果：果断。何有：有什么困难。达：通事理。艺：多才多艺。（《论语·雍也》第56页。）

鲁国权臣季康子大概想招聘官员，就问孔子三个弟子是否能从政当干部，管理政事。这三个人一个是仲由，一个是子贡，一个是冉求。孔子回答季康子：仲由办事果断，处理案件"无宿诺"，不过夜；子贡聪敏，通达事理，善经商，亿屡中，且善于外交；冉求（子有）此人多才多艺。所以，孔子说：他们三个人从政不会有什么困难的。

在孔子看来，仲由办事果断，子贡通达事理，冉求多才多艺，"从政乎何有"，管理政事没有困难。"果""达""艺"是管理者的基本素质，是能力和智力的综合体现。

有一则寓言，讲的是主人家喂养了一头驴子叫布里丹。主人对这头驴子爱护有加。一天，主人命佣人割了许多鲜嫩的草，分别放在驴子的两边。这时驴子看到身子左右两边有这么多嫩草，时而想吃左边的草，时而又想吃右边的草，拿不定主意。驴子就这样来回摆着头，不知所措，几天后驴子饿死了。

这则寓言说明一个道理：做事情不能优柔寡断，摇摆不定。在管理学里称之为判断力、决策力和执行力。拖延导致平庸，效率成就未来。

现代经商办实业，前文已从诸多方面作了论述，目的是学习孔子和儒家智慧，提升管理者素质，实现"赢"。上述三人均是孔门弟子，他们各有所长。孔子用"果""达""艺"三个字，高度概括了三位弟子的能力和智慧。

故而，后N代们欲经商创办实业，须在实践中传承孔子弟子之智慧和办事之风格，努力做到"果""达""艺"。

子谓颜渊曰："用之则行，舍之则藏，唯我与尔有是夫！"

子路曰："子行三军则谁与？"

子曰："暴虎冯(píng)河，死而无悔者，吾不与也。必也临事而惧，好谋而成者也。"暴虎：徒手与老虎搏斗；冯(píng)河：不用船徒步过河。(《论语·述而》第68页。)

有一天，孔子和弟子颜渊、子路在一起。孔子对颜渊说：如若有人用我的主张，我就实行我的主张；如若没有人采用我的主张，我就把它收藏起来。能做到这样的，恐怕只有你和我了。

子路在一旁听到孔子赞扬颜渊，心里大概不高兴，认为老师没有表扬他了。于是说：如若你去带领军队打仗，找谁和你共同指挥？

孔子这时说：空两只手与老虎搏斗；不用船不走桥，不会游泳，徒步涉水过河，这两种人我是不会和他们共事的。和我共事的人必须遇事小心谨慎，而且要善于谋划，不能光有勇而无谋。

这是孔子用"暴虎冯河"之比喻，开导教育子路。因子路有勇但缺少谋略，做事由于性急，往往粗心莽撞，急于求成。经商办实业同样不能"暴虎冯河"，要认真研究博弈制胜之谋略。前文论及"SWOT"分析，就是运用商者之智慧，分析本企业优势与劣势，机会与威胁。研究囚徒如何摆脱困境；智猪如何能争取到更多的食物；参加斗鸡的双方如何击败对手。这些常识被某些研究管理的学者，经总结形成管理理论——称之为博弈论。

子曰："饱食终日，无所用心，难以哉！不有博弈者乎？为之，犹贤乎已。"博弈：这里指下棋。贤：胜过。(《论语·阳货》第197页。)

孔子之意是说：社会上一些人整天吃饱了饭，无事可做，游手好闲，评头论足，无事生非，这种人是很难有作为的。不是有人在做下棋的游戏吗？你可去下下棋，总比没事可做好些吧。

孔子这里言及"博弈"(下棋)，可能是世界上最先提出"博弈"一词的。

望后N代们在经商过程中,认真学习研究博弈理论,掌握博弈技巧,精通博弈谋略,在激烈的国内国际市场竞争中,博弈取胜焉。

8.3 失言与失人

孔子当时把弟子分为四科:政事科、语言科、德行科、文学科。可见,语言在人类社会交往中的作用。

子曰:"可与言而不与之言,失人;不可与言而与之言,失言。智者不失人,亦不失言。"(《论语·卫灵公》第169页。)知:智。

孔子说:可以和朋友说的话,却不说,这样做会失去朋友;不应当说的话却对他人说了,这样做就会失言。所以,智者说话既不失言,也不失人。

智者应慎于言,做到刚、毅、木、讷。语言是交流的工具,企业家把握语言的分寸,非常之重要。尤其是商场竞争谈判,更需言之有物,且勿言不由衷,言不及义,更勿狂言佞语。言皆中节,把握"度",不能"不及",亦不能"过"。

2009年发生的所谓"轮胎特保案",美国劳工协会起诉中国,说由于中国轮胎出口到美国,造成美国轮胎企业停产,工人失业。而我国派出应诉人员,主诉者是一位学橡胶技术的工程师。她几乎不懂国际游戏规则,更没有充分调查美国轮胎工人失业之背景,加上英语水平不佳,在美应诉时,往往言不及义,既失了言,又失了人,还输了理,导致中国败诉,造成的经济损失不言而喻,国家政治形象也受到一定的影响。

定公问:"一言可以兴邦,有诸?"

"言不可以若是其几也。人之言曰:'为君难,为臣不易。'如知为君之难也。不几乎一言而兴邦乎?"

曰:"一言而丧邦,有诸?"

孔子对曰:"言不可以若是其几也。人之言曰:'予无乐乎为君,唯其言而莫之违也,不亦善乎?如不善而莫如违也,不几乎而一言丧邦乎?"(《论语·子路》第142、143页。)

这一节文字比较长。鲁国定公问孔子,是否有一言兴邦一言丧邦之事？孔子回答非常有哲理。他老人家分析说：一言兴邦和一言丧邦虽然没有人这么说过，但是与此差不多的话是有的。有人说：做国君难，做臣子也不易呀。如果都知道做君难，人们就会谨慎小心负责地去做事情，说话严谨，大概就是差不多一言可以兴邦了；如果国君说的话不对，又无人敢于质疑和违抗，这大概就是一言可以丧邦了。

上述"轮胎特保案"，其实，这件根本不复杂的案件，只要认真作调查，就会发现问题的真相。原来美国轮胎商早就在中国境内先后开办了十多家橡胶工厂，他们利用中国廉价劳动力和中国政府给予的优惠政策，赚取大笔钞票，又把在中国生产的数千万只轮胎运回美国销售，就这样致使美国内四家轮胎企业停产，工人失业。是美国人打垮了自己国家的轮胎企业，与中国无关也。

从我国应诉"轮胎特保案"失败来看，在国际商场上博弈制胜，参与者的个人素质尤其是语言应答能力，非常之重要啊，这个案例足以说明"一言兴邦"和"一言丧邦"之哲理焉！

子曰："君子耻其言而过其行。"（《论语·宪问》第159页。）

孔子告诫君子，说话切勿过头，即勿说过头话。凡是对他人承诺的事情，应先做后说。如果先说了不能兑现，必会失言又失人焉，尤其是企业老板，对员工承诺的事情一定要说到做到，取信于民。这样做才会有威信，才能得到员工的支持和拥护，"众星共之"。

对于竞争对手，亦须和睦相处，绝不可锋芒毕露，气势凌人。如果竞争失败，多找自己原因，勿怪胜者。孟子曾经说过："仁者如射，射者正己而后发；法而不中，不愿胜己者，反求诸己而已。"（杨伯俊译注《孟子译注》第81、82页　中华书局2008年3月。）

正确对待竞争对手，尤其是竞争获胜者，切勿攻击对方之短，多取他人之长，以弥补己之不足。无论在公众场合或私下交谈，给竞争对手留足面子。做到既不失人，也不失言。这就是知者所智所谋也。

美国学者休姆说过："语言就其本质而言，是一种公众事务。"（《世界上最经典的哲学故事》第46页。)

法国作家蒙田也曾说过:“语言只是一种工具,通过它我们的意识和思想就得到交流,它是我们灵魂的解释者。”(同上书　第47页。)

可见,语言在人类社会经济生活中具有不可替代的作用。

8.4　有德有言与无德有言

子曰:“有德者必有言,有言者不必有德。仁者必有勇,勇者不必有仁。”(《论语·宪问》第150页。)

孔子之意是说:凡是有道德的人,必定注意自己的语言。像孔子那样,温、良、恭、简、让。而喜欢说话的人,“其言之不怍,则为之也难。”(《论语·宪问》第157页。)一个人说起话来夸夸其谈,言过其实,这样的人做起事来就很困难了。所以,要做到言行一致,先行其言而后从之。这也是一个人智慧之体现也。

子曰:“巧言令色,鲜矣仁。”(《论语·学而》第2页。)巧:好。令:善。

孔子指出:那些能说会道,花言巧语,装出一副伪善的面孔,为一己之私利而讨好他人,这样的人是无“仁德”可言的。

子曰:“古者言之不出,耻躬之不逮也。”(《论语·里仁》第38页。)躬:自身。逮:赶上。

孔子说:古代人不轻易说话,语言谨慎。他们认为,如果自己的言语与自己的行为不相一致,做的事情赶不上说的话,是可耻的。古人尚且如此,对于现代人来说,不也有说的多于做的,言过其实者大有人在焉。

所以,一言可以兴邦,一言亦可丧邦也,甚至于招致杀身之祸焉。

孔子学生子游曰:“事君数,斯辱矣;朋友数,斯疏矣。”(《论语·里仁》第39页。)数:屡次。斯:那么,就。

古代国君有谏言之臣。如果谏臣对国君说的次数太多,就可能招致国君疏远,不信任,有的遭到廷杖或下狱而死;对朋友的批评亦是如此,说多了朋友不高兴,就很可能会被朋友疏远。

子曰:“君子欲讷于言而敏于行。”(《论语·里仁》第39页。)讷(nè):

迟钝,这里指说话谨慎。敏:敏捷。

孔子告诫说:君子说话应当注意场合,当言则言,不当言则不言,做到郑重谨慎;做事情应敏捷,反应要及时,行动要快捷。

或曰:“雍也,仁而不佞。”子曰:“焉用佞?御人以口给,屡憎于人。不知其人,焉用佞?”(《论语·公冶长》第42、43页。)雍:姓冉,名雍,字仲弓,孔子学生。佞:能言善变,有口才。御:抵挡,此指应答。口给:应答敏捷,嘴里随时都有应对语言。

有人说孔子的学生冉雍是个有仁德的人,但口才不行,反应有些迟钝。孔子认为:有仁德的人为何一定要有口才呢?那些巧舌如簧的人,喜欢和他人争辩,实在令人讨厌。所以,孔子认为仁者必然注意自己的语言,狂言佞语者不必是仁者。

子曰:“巧言、令色、足恭,左丘明耻之,丘亦耻之。匿怨有其人,左丘明耻之,丘亦耻之。”(《论语·公冶长》第50页。)巧言:说好听的话。令色:装出一副好面孔。足恭:显得十足的恭敬。左丘明:人名,鲁国人,传说著《左传》。丘:孔子谦虚自称。匿:隐藏。

这仍是孔子告诫人们,要特别注意哪些巧言、令色、足恭之徒。这些人逢迎拍马,装出一副好面孔,把内心真实的动机隐匿起来。这种人古今皆有之。所以,孔子和左丘明认为这种人是无德的,可耻的。

子曰:“狂而不直,侗而不愿,悾悾而不信吾不知之矣。”(《论语·泰伯》第84页。)侗(tóng):幼稚,无知。愿:谨慎,老实。悾悾(kōng):诚恳的样子。

孔子指出:有些人狂妄而不直爽,表面显得幼稚却不诚实,给人印象好像很诚恳却不守信。孔子说:我真不知道这种人为什么会是这个样子。

所以,君子要善于识别有德之言与无德之言,切勿只看表面现象。这也是君子之智慧焉。如何识别他人?请往下看吧。

8.5 现象与本质

现象与本质是哲学的一对范畴。现象是指“‘自在之物’作用于人的感官所引起的感觉表象。康德认为，作为我们的感官对象而存在于我们之外的物是已有的，只是这些物本身可能是什么样子，我们一点也不知道，我们只知道它们的现象"。"现象是本体作用于感官而产生的，但'现象'并不反映本体的本来面目。"（冯契主编《哲学大词典》第18页　上海辞书出版社2007年1月。）

本质：事物所固有的、普遍的、相对稳定的内部联系。与"现象"相对。它决定着事物的性质。事物之本质是由该事物内部矛盾特殊性所规定的。本质决定现象，事物的本质往往不能直接被人感知，它通过现象表现出来。（同上书　第98页。）请看2500多年前，伟大的孔子是如何教导人们认识事物之本质的。

子曰："视其所以，观其所由，察其所安。人焉廋哉？人焉廋哉！"（《论语·为政》第14页。）焉：哪里。廋（sōu）：隐藏，藏匿。

这是孔子教导君子如何了解人和识别人的本质。要想了解一个人，首先要看他做事的动机是什么；还要认真观察他是怎样做的，安的什么心。充分运用视、观、察之妙法，那些小人是无法隐藏的，也是隐藏不住的。小人的本质肯定是要通过现象表现出来的。这就是孔子认识论的哲学。

商场博弈必会遇到各色人等，诚实者有之；不诚实者几乎随处可见。而那些奸佞之徒往往装出一副好面孔，蜜语甜言，花言巧语，信誓旦旦。故而企业老板们和经营者必须提高识别能力，甄别真伪，透过现象看本质，切勿被悾悾然小人所蒙蔽焉。

我国春秋末期，周天子形同虚设，诸侯国往往被权臣把持。鲁国政权被季氏等三家大夫控制。他们为所欲为，孔子非常担心与愤慨。

孔子谓季氏："八佾舞于庭，是可忍也，孰不可忍也？"（《论语·八佾》第20页。）

三家者以《雍》彻。子曰："相维辟公，天子穆穆，奚取于三家之堂？"佾：古代舞蹈奏乐的行列，八个人为一行，即为一佾。八佾是八行，共六十四人，周礼规定只有周天子才能使用六十四人的舞蹈乐队。诸侯规定用六佾,大夫用四佾,士用两佾。

鲁国大夫季氏等三家,公然使用周朝天子的八佾舞于庭,且使用只有天子举行祭祀时才能演奏的《雍》乐,这只是现象,其本质反映周王朝行将崩溃矣。

林放问礼之本。子曰:"大哉问!礼,与其奢也,宁俭;丧,与其易也,宁戚。"(《论语·八佾》第21页。)

鲁国有个叫林放的人问孔子:礼的本质是什么?孔子称赞并解释说:你提的问题非常重大啊!就一般而言,礼不能过分奢侈,宁可朴素俭约俭省,不要铺张浪费;办丧事,不要只是在表面形式上兴师动众,大操大办,而要在内心对逝者悲痛。这里孔子也是在强调做事不能只注重表面,而要注重本质。"礼"的本质就是宁俭勿奢。

孔子有个学生叫漆雕开,经常昼寝,不上课,孔子很恼火。批评他是块朽木不可雕也。为此,孔子自责当初看人只听其言,未观其行。所以,孔子说今后看人要听其言观其行也。

现今无论是官场还是商场,坑蒙造假,有些制药厂商不顾人类生命安全,昧着良心做产品。如在几年前河北省石家庄三鹿毒奶粉事件,影响极为恶劣。他们掺假是手段,是现象,赚黑心钱是目的。

目前,国人对少数官员奢侈,为之怨声载道焉。我的一位朋友是位高级干部,早在几年前他曾对我说:他到某省开会,临行带了5万多元,不到三天就花光了。真是惊人之举啊!据审计署披露:国家机关一年用公款招待多达3000多亿元;公车耗费3000多亿元,出国考察3000多亿元。这些党政大员们视党纪政纪于不顾,任意挥霍纳税人的血汗钱简直有恃无恐焉。他们挥霍国家资源是现象,其本质是腐败矣。

8.6　欲速则不达

子夏为莒父宰,问政。子曰:"无欲速,无见小利。欲速,则不达;见小利,则大事不成。"(《论语·子路》第143页。)莒(jǔ)父:鲁国的一个城邑。宰:县官。

孔子的学生子夏在莒父做官当干部，他请教老师如何管理政事。孔子说：做事情不要只图快，更不要贪图小利。如果只图快，却往往达不到目的。如果只贪图眼前的小利，就成就不了大事的。

孔子对子夏说的话言简意赅，寓含很深的哲理。尤其是经商办企业，绝不能急功近利，只看眼前一些小利。这样做，是办不成大事的。

做任何事情都要讲效率，否则也成不了大事。美国西点军校对学员强调：效率成就未来，拖延导致平庸。这是指领导者的工作作风而言。做事情不能拖拖拉拉，要敏于行。商场如战场，商机稍纵即逝也。故首先要确立效率观念，经商一定要时时把握商机，机不可失，时不再来。

但是，不能只顾速度，只顾速度往往适得其反也。孔子强调君子要慎于言，敏于行。慎即谨慎从事，勿要莽撞，“勇而无礼则乱。”勇者大多只图快，却往往事与愿违，欲速则不达焉。达与不达有个“度”，无论做任何事情，都要把握好“度”。既不能快“达”，也不能慢“达”，快达则过也，慢达则不及也。

有一个成语：拔苗助长，说的是古代宋人种庄稼，看到禾苗不高，就跑到田里去助一臂之力，使苗长得快一些，结果禾苗不但未长高，几乎都枯萎了。这是一个讽刺故事，但它却说明一个哲理：欲速则不达也。

上世纪50年代末，我国经济建设“大跃进”，梦想十年超英国，十五年超美国。老人们对那段历史记忆犹新。当时，中央某些领导人头脑发热，只强调速度，全民大炼钢铁，滥砍森林树木，破坏自然环境；大办人民公社，小村并大村，公共食堂……似乎中国很快就要进入共产主义社会了。那种盲目的求快速之发展，给中国社会生产力造成了严重的破坏。后来，是中国共产党依靠自身的力量，彻底纠正了“左”的做法，拨乱反正，中国的经济建设逐步走上正轨。

我国目前的建设事业，中央方针是稳中求进。只有先稳，稳定压倒一切。不稳则无法前进；只有稳定才能前进。尤其是经济建设必须稳步前进，防止大起大落焉。

所以，重温伟大孔子先哲2500多年前之教诲，理解“欲速则不达”的辩证关系，正确处理好经济建设过程中，稳中求进，效率与速度，小利与大利之内在联系，对各行各业的领导者来说，尤其是我国的后N代们，将来无论从事何种工作，都需学习先哲之智慧，不断提升自己的理论素养和工作艺术，在激烈的市场竞争过程中，实现多赢！

本章小结

本章共5节，主要学习孔子管理哲学之思想；第1节论述办事要果断，并且要通达事理；第2节论述君子要慎于言，言多必失，不但失言而且失人；第3节论述如何提高识别能力，勿被巧言蒙蔽；第4节论述如何观察事物，透过现象看清本质；第5节论述办事情要处理好速度与结果的关系，明白欲速则不达。

本章主要论述经商办实业要依靠智慧制胜。现代企业还须“齐之以礼”，加强文化建设，做到以人为本。

信守勤
文正勇
仁厚毅
智德忠

9 礼与文化

9.1 礼之用

有子曰:“礼之用,和为贵,先王之道斯为美,小大由之。有所不行,知和而和,不以节之,亦不可行也。”(《论语·学而》第7页。)和:中,恰到好处。斯:这,此,指礼、和。节:限、区别。

有子:姓有,名若,孔子弟子。有子认为:礼是非常之重要的,应用礼须以和为贵,恰到好处,要做到适中。先王尧舜治理国家,教育百姓,就是遵循礼这个道的,做得很好,不论是大事或小事,他们都能用礼,对待人民,因而受到百姓的拥戴。但是,有子认为不能为和而和,只讲恰当,对于不好的行为,不以礼、法加以节制,也是不可行的。

礼:古字礼为左右结构,左为礻,右为豊,合成即为礼。古代学生送老师十条干肉,可谓礼品丰厚。俗话说:礼多人不怪,礼到人和。可见,礼对人与人之间起到化解矛盾、消除隔阂的积极作用。

程树德先生引【集解】邢昺疏:“和,谓乐也。乐主和同,故谓乐为和。夫礼胜则离,谓所居不和也。故礼贵用和,使不至于离也。〔先王之道斯为美〕者,斯,此也。言先王治民之道以此,礼贵和美,礼节民心,乐和民声。乐之则无怨,礼至则不争……”(程树德撰《论语集释》第47、48、49页。)

古代先王用乐和检验民心,用礼检验民迹。“迹检心和,故风化乃美。”和即可乐,风气和则民心乐,和与乐同重也,不和必不乐。只有做到和,才能实现乐。社会安定,企业兴旺,家庭美满,皆以和为前提也。中国政府坚持以邻为伴,和睦共处,和平环境有利于国家经济建设,都以和为基本出发点。

【集注】“礼者,天礼之节文,人事之仪则也。和者,从容不迫之意。”(同上)礼为人事之仪则即行为之规则也。先王对百姓无论小事大事都用礼与和,则政通人必和也。“小大由之”,由即用。只用礼节之不用和,则往往是行不通的。

用礼须有“度”,“礼”过则“离”,必伤人也。故礼之用,必以和为贵。用礼之同时,须兼用和,才能体现“贵”。

俗语云:没有规矩无以成方圆。一个国家,必须有法律、政令,作为治理的依据和手段。正如孔子所言:“道之以政,齐之以刑,民免而无耻;道之以德,齐之以礼,有耻且格。”(《论语·为政》第10页。)道:治理,管理。政:政令、制度。齐:使事物整齐,一致。免:避免。格:纠正,改进。

孔子指出:国家要用政令来管理百姓,用刑法来制约民众,百姓只能一时不作坏事,不犯罪,但不懂得为什么犯罪是可耻的道理;所以必须用德来感化百姓,教育民众,向民众宣传礼制的道理,使他们懂得是非对错,就可以避免羞耻。如果自己有了错误,能自己加以纠正。

伟大的孔子早在25个世纪之前,就明确论述法和礼之关系,国家既要有法律保障政令尊严,更要用礼制教育感化百姓。所谓用严刑酷法治理国家,只能使民众人心惶惶。明朝之所以被称为“断头政治”,就是因为出身于和尚的朱元璋当了皇帝之后,滥杀无辜。其后代们继承祖宗残暴之德性,几乎每个当了皇帝的朱氏子孙,都要杀一批正直大臣并株连其九族矣。

国和则强,政和则通,通则顺,顺则久;家和则兴旺。总而言之,和则万事兴;不和则乱,乱则国危,家败,民心之离散,万事皆不成矣。这应是儒家为政之道,为民之要也。

9.2 孔子与礼

子曰:“能以礼让为国乎,何有?不能以礼让为国,如礼何?”(《论语·里仁》第36页。)为:治理。何有:即有何,意为有什么困难。

这里孔子强调国君必须用礼让来治理国家,教育百姓;如果不能用礼让来治理国家和百姓,又如何实行礼呢?正如《礼记》所言:不以礼治国,就好像没有耜(sì)耕种土地也;虽耕不种也;虽种而不耨也(nòu,除草,管理);犹种而不收获也;犹获而不食也;犹食而不肥也。“是故礼者,君之大柄也……”国有君臣,家有父母,昆弟,夫妇。长幼有序,皆须以礼节之,分之。否则,社会无序,家庭无尊长。“故国有礼,官有御,事有职,礼有序。”

前文已引孔子之言:“恭而无礼则劳,慎而无礼则葸;勇而无礼则乱,直而无礼则绞。君子笃于亲,则民兴于仁;故旧不遗,则民不偷。”(《论语·泰伯》第78页。)孔子之教诲,均是论述礼的运用。前文已论述,在此不复述也。请看下文:

子曰:“出则事公卿,入则事父兄,丧事不敢不勉,不为酒困,何有于我哉?”(《论语·子罕》第93页。)

这里孔子仍在讲礼的应用。他说:外出要侍奉公卿大臣们,到家里要侍奉父母兄长,办理丧事要遵循礼仪,不要被酒困扰。

《论语·乡党》篇可谓集中论述孔子遵礼的言行。从朝拜衣着,行走、说话、待客、饮食、睡眠等诸多方面讲述孔子对礼的遵从,这里就不一一言明了。由此也可以看出,古代礼仪是非常之烦琐的,亦是不可取的,不必恢复的。对古代合乎人伦的礼仪要遵从,着重理解孔子先哲强调礼在安邦定国和社会生活中的积极作用。

颜回问仁。子曰:“克己复礼为仁。一日克己复礼,天下归仁焉。为仁由己,而由人乎哉?”

颜渊曰:“请问其目。”子曰:“非礼勿视,非礼勿听,非礼勿言,非礼勿动。”

颜渊曰:“回虽不敏,请事斯语矣。”(《论语·颜渊》第125页。)

孔子与弟子颜渊的对话,大家应耳熟能详。因为上世纪60年代开始的所谓“文化大革命”,批判孔子的“克己复礼”,一些人认为孔子是封建复古派、保守派的忠实“走狗”“丧家犬”。由此而发生了国家无君无臣,社会无序,家庭无父无母,无兄无长,整个中国陷入极为混乱之中。据传言:时任国家主席的刘少奇先生在高烧40°的情况下,被秘密送往河南省的开封后立即被关进监狱，由于得不到及时抢救而含冤离世焉。国家悲哉！

其实，孔子强调的是“克己”，就是克制自己，纠正不好的不仁义的做法，使自己的言行符合社会普遍遵从的礼仪，使社会秩序恢复到先王时代。所以，孔子强调对于非礼的东西，不要去看，不要去听，不要去说，更不要去胡作非为也。

孔子曾经说过：君子出门要像遇见大宾，注意言语行为庄重，衣着整齐，且勿轻浮；使用老百姓做事情，要像汉高祖刘邦设坛拜将一样，“如承大祭”，尊重百姓。并且要做到“己所不欲，勿施于人”。“与人恭而有礼”。

齐国国君景公问政于孔子。孔子对曰：“君君，臣臣，父父，子子。”公曰：“善哉！信如君不君，臣不臣，父不父，子不子，虽有粟，吾得而食诸？”

这是孔子与齐景公的一段对话，主要内容仍是讲礼仪，君臣，父子都须各遵其礼。否则，国家社会一旦动荡，即使有粮食，也可能吃不到的。

所以，孔子再次希望君子做到：“博学于文，约之以礼，亦可以佛畔矣夫。”（《论语·颜渊》第131页。）

孔子之意是说：只要能广泛地学习知识，时时用礼仪约束自己的言行，就不会离开君子之道了。

9.3 礼与文化

卫国大夫棘(jí)子成问子贡曰：“君子质而已矣，何以文为？”子贡曰：“惜乎，夫子之说君子也！驷不及舌。文犹质也，质犹文也。虎豹之鞟犹犬羊之鞟。”（《论语·颜渊》第128、129页。）质：此指思想品质。文：文采，此指礼节仪式。驷：古代驾同一车辆的四匹马。鞟(kuò)：去掉毛的兽皮。

那位棘子成大夫认为：君子只要做到思想品质好，就行了，那些礼仪没有什么用的。子贡回答说：很遗憾啊！你如此谈论君子，就是有四匹马也无法把你拉回来的。思想品质和礼节仪式都非常之重要的。就像把虎豹的皮和犬羊的皮都去掉有花纹的毛，这两种皮革就分不清哪个是虎豹之皮和犬羊之皮了。

这里，子贡分析一个人内在品质和表面礼仪文采之关系。内在品质决定外表礼仪和举止行为，是文质彬彬还是粗俗不堪，品质和礼仪合而为人的文化修养。对此，孔子有更为精准之分析和论述。

子曰："质胜文则野，文胜质则史，文质彬彬，然后君子。"质：本质，内容。文：有文采，此指形式。野：野人，指鄙陋。彬彬：指文雅的样子。(《论语雍·雍也》第60页。)

孔子之意是说：事物本质胜过表面，就会显得粗俗不堪，给人的印象不好；如果事物只有表面文采，而质地不好，就会显得华而不实，浮夸。因此，只有质地和文采配合适当，给人以实实在在的感觉，做到这样的人，才能称其为君子。

其实，这里孔子讲的就是文化，就是表层文化与内在品质文化的有机结合，形成一个完美的礼仪文化实体。

孔子倡导的儒家礼仪文化，是以血缘亲情为前提的。所谓君君，臣臣，父父，子子，均离不开血亲之关联。这种血缘文化具有超强的凝聚力，它的基本宗旨就是孝，孝乃仁之本与。孝应是儒家礼仪文化之根本。古代做官考量，不孝者不得录用。现代社会逐步恢复儒家礼仪文化，强调孝亲才能爱民。去年河南省辉县市招聘干部，把孝列入重要条件，凡不孝之徒不得录用焉。

战国时期儒家代表人物——荀子，也非常重视礼。他把礼作为国家之大法，"礼，可以养人之欲，给人以求。"他把礼法与道德合为一体。但是荀子主张的礼与孔子似乎不尽相同。荀子的礼，反对血缘和世袭，主张遵贤愚划分等级。实际上孔子最先提出用贤人，即"举直错诸枉，能使枉者直"。荀子只不过说法不同而已。

"礼"是文化之重要组成部分。文化之定义有诸多说法，有广义文化和狭义文化。2011年10月18日，中国共产党中央召开了十七届六中全会，作出了"关于深化文化体制改革推动社会主义文化大发展大繁荣若干重大问题的决定"。"决定"规定了"文化"的定义："文化是民族的血脉，是人民的精神家园。"(《求实》杂志2011年第21期，第3页。)

世界上有诸多民族,我国就有五十六个民族。每个民族均由不等的人口构成。而人是鲜活的,有呼吸的,有智力和体力的。之所以人是鲜活的、有呼吸的,并且有体力和智力,就是因为每个人身上都有血液流动。一旦无血液了或血液不流动了。这个人的生命就即将结束了。文化就似人身体里的血液,如果人无文化血液,此人几乎等于失去了灵魂,躯体犹存,灵魂已死焉,植物人大概就是无灵魂的人。由此而知,文化对民族、对国家、对百姓是何等之重要啊!优秀的文化能使“四体既正,肤革充盈,人之肥也。父子亲,兄弟睦,夫妇和,家之肥也。大臣法,小臣廉,官职相序,君臣相正,国之肥也。天子以德为车,以乐为御,诸侯以礼相与,大夫以法相序,士以信相考,百姓以睦相守,天下之肥也”。肥者丰也,富也,足也。能使民族“明顺守危也”。所有这些内容,均是国民价值观的核心内容和基本要求。

古代先哲把礼仪即文化的作用,看做可使“人之肥也,家之肥也,国之肥也,天下之肥也”。现今,中共中央把文化视为“民族的血液,精神的家园”,这与古代先贤们重视人、家、国、天下,礼仪文化应是一脉相承的。由此可见,执政党和政府在抓经济大发展大繁荣的同时,必须紧紧抓好文化大发展大繁荣,以确保人、家、国、天下之肥也。

9.4 企业与文化

后N代们欲兴办实业,无论是办实体经济或是虚拟经济,都需认真研究如何把你们的企业文化做好。有学者认为,当今做企业就是做文化,此言虽不完整,但其目的就是强调做企业先做人,做好员工价值观、人生观的教育培训,让企业员工树立正确的世界观,做到爱国家,拥护社会主义制度,拥护中国共产党的领导。这是企业领导者首要的做企业的基本工作内容。

企业文化应首先是员工文化,员工价值观、伦理道德观的取向,有学者称之为“人格文化”。人既有共性,也有个性。企业既要尊重人的个性,更要注重人的共性的培养熏陶。

首先,企业应加强员工人格共性教育。共性就是国格,国格是人格的最主要构成部分,国格高于人格。一个没有国格的人,一个对自己祖国都不热爱的人,何谈人格?不论你在世界上哪个国家,首先要记住:我们是中国人!所以,做企业必须使企业员工懂得做个中国人要有最基本的国格,这就是爱自己的国家,爱中华民族,爱祖国河山。尽管你对社会制度不太理解,甚至于不太满意,但不能作为违背做中国人的借口和基本道德价值观。

前文谈到孔子赞扬柳下惠三黜,三次当官三次被罢免。当时有人劝他离开鲁国,而柳下惠则说:这里是父母之邦也!毅然决定不离开祖宗之地。

当年钱学森等留学美国的年轻科学家,宁愿放弃优厚的生活待遇,毅然决定回国参加新中国的经济建设,后以毕生精力奉献给祖国的国防事业。钱学森等老一辈科技工作者的爱国情怀,就是一个中国人的最高品格,是永远值得我国后N代们效法的。一个人的最高品格就是国格!一个没有国格的人,就像断了脊梁骨的癞皮狗,是可耻的亦是可悲的。

企业员工的人格文化,严格说就是道德文化。道德亦可理解为人的良心,心若良则道德良,心若坏则失道亦失德焉。做人首先心要正,心正方能称之为良。优良的道德品质,是每一个员工都需养成的。

企业员工道德文化与精神文化是密切相关的。人的精神是一个人的家园和归宿。一个人即使贫穷,但其精神却很富有,如孔子最得意的弟子颜回,常年过着箪食瓢饮的简陋生活,人也不堪其忧,回也不改其乐也。这就是颜回的高尚的精神文化。即使自己富有了,也需做到富勿骄奢淫逸焉。

企业员工既要有精神文化,更要有物质文化,即金钱财富。员工大都上有父母,下有妻子儿女,每个月必须有一定的薪酬收入,才能保证其家庭的衣食住行学等基本需要。就是马克思提出的劳动力再生产,以延续人类社会不断向前发展。除此之外,企业亦须有资金作保障,用于再生产,纳税支持国家发展。企业本身只要有雄厚的资金,还可以发展企业的文化建设，以充实广大员工的精神生活。

企业文化还须建立必要的规章制度和激励机制，以保证企业有序经营，按章经营。无论大事小事，“小大由之”，都能做到“齐之以礼，有耻且格”。这就是所谓制度文化。制度文化一定要体现以人为本，从某种意义上讲，制度文化就是人本文化。

案例：明光浩淼消防科技有限公司质量体系及主要管理文件有以下几种：

1）企业管理质量方针……

2）产品质量与服务标准：……

3）人事考核管理：……

4）财务成本管理：……

5）激励机制：研发项目激励、质量激励、节约激励、销售激励……

6）员工伦理道德规范。

……

本章小结

本章共4节。第1节论述企业礼之用；第2节介绍孔子与礼；第3节论述礼与文化；第4节论述企业人本文化。

后N代们要创业兴邦，在为国的同时，还须交友齐家。

10 君子交友

10.1　建立爱的家庭

“大学之道在明明德……古之欲明明德于天下者，先治其国；欲治其国者，先齐其家；欲齐其家者，先修其身；欲修其身者，先正其心；欲正其心者，先诚其意；欲诚其意者，先致其知，致知在格物。”（王国轩　张燕婴　蓝旭　万丽华　译《四书·大学》第106页　中华书局2008年1月。）

《四书》乃指《论语》《中庸》《大学》《孟子》。孔子作《论语》，曾子作《中庸》，子思（孔子之孙）作《大学》，孟子作《孟子》。《四书》亦称《四子书》，也称《四子》。

《四书》是我国古代优秀的儒家文化，是中国古代哲学思想的光辉典范。它不仅是人文哲学，政治哲学，更是逻辑哲学，是中国古代先哲优秀思想文化之结晶。

《大学》开宗明义道出“大学之道在明明德”，“明明德”之目的在治国、齐家。这里儒家把治国和齐家作为君子的首要任务。先哲们强调“身修而后齐家，齐家而后治国，治国而后平天下”。可见，“齐家”是何等的重要啊。

有学者说过：家庭是社会的细胞。社会是由千千万万个家庭组成的。中国古代的里、乡、党等社会组织就是以家庭为基础建立起来的。古代社会五家为邻，二十五家为里，五百家（五族）为党，一万二千五百家为乡。由此可以断言，家庭是社会最基层的组织，所以，齐家关乎治国平天下之大事焉。

作为群经之首的《诗经》开篇《关雎》，就描写青年男女相爱相慕之情，千百年来受到人们的推崇。孔子称“《诗》三百，一言以蔽之，曰：‘思无邪’。”（《论语·为政》第10页。）“关雎，乐而不淫，哀而不伤。”（《论语·八佾》第28页。）

《礼记》中称：“饮食男女，人之大欲存焉。”

可见，家庭初始是由男女结合为夫妻之后而逐渐形成的。《圣经》传说里的亚当、夏娃偷吃了禁果，发现身体对方隐秘而互交，随之生育儿女，繁衍后代。

家庭成员一般有祖父母、父母、兄弟、姊妹、妻子儿女等人员构成。在未婚之前，须择偶，现代年轻男女北方叫“搞对象”，粤语叫“拍拖”，沪语叫“噶朋友”。

择偶须慎重，切不可轻率从事，这关乎两个人的终身幸福和家庭美满。我在问卷调查中问及择偶时，26位年轻人主张“晚择偶”，14人主张“早择偶”，亦有少数人主张“不择偶”。看来多数年轻人是主张择偶组建家庭的。

德国哲学家尼采在1880年秋天，认识了19岁的一位美貌女子，尼采几乎倾倒在该女子的脚下，“无可救药”地爱着她。然而，那位容貌出众的女子却拒绝了尼采的爱，致使尼采偏头痛加重。这叫“单相思”焉。

所以，年轻人在择偶时，不能只看对方的外表容貌，更要看个性、气质、品格等内在素质。古希腊哲学家苏格拉底长相很丑陋，可他却是世界哲学史上受人推崇的伟大哲学家。他培养教育出柏拉图等一批著名的古代哲学家。他为捍卫真理，不惜被教会迫害，宁肯自己死去，也不向教会低头认错，而他的妻子却带着他的几个孩子直至晚年离世。

孔子把自己的女儿嫁给坐过牢的公冶长。“子谓公冶长：可妻也。虽在缧绁之中，非其过也。以其子妻之。”（《论语·公冶长》第40页。）

公冶长，姓公冶，名长，孔子的学生。缧绁：捆绑犯人的绳子，此指监狱牢房。子：指孔子女儿，古时小孩均称为子。

孔子没有因为公冶长坐过牢，这不是他的过错，于是孔子居然把自己的女儿嫁给了他，这是一般人所不愿为的，做不到的。

世人都说：一个成功的男人背后，总会有一位伟大的女性在坚强地支持着他。古今中外这样的案例，不胜枚举焉。这里讲的伟大的女性可能是母亲，也可能是妻子。

从前，德国有位哲学家经常布道讲演，吸引众多听众，有大学生，有女人，有官员。这位学者认为，大学生来听他讲课，是为了学知识，女人来听课是为了看男大学生，而官员则是为了看女人而来的。这个故事说明，女人具有吸引男人的特质。

子曰："吾未见好德如好色者也。"（《论语·子罕》第94页。）

孔子之意是说：我没有看到过喜好美色那样去喜好道德的人。也就是说，喜好美色者多也，爱好道德者少矣，古今中外概莫能外也。

建立爱的家庭，就要处理好男女双方感情的投入。你爱对方，并不是因为对方最美丽，最富有，或者最能干，才华出众；而是对方能够体贴你，理解你。支持你的事业。只有建立在真诚理解基础之上的爱，才是恒久的爱，真挚的爱，终身的爱。

马克思曾经说过："真正的爱情是表现在对他的偶像采取含蓄、谦恭甚至羞涩的态度。"（星汉编著《世界上最经典的哲学故事》第340页。）

古希腊哲学家柏拉图说过："当人类没有对肉欲的强烈需求时，心境是平和的。"（同上书　第341页。）

柏拉图还说过："真正的爱就是要把疯狂的或近于淫荡的东西赶得远远的。"（同上书341页。）

德国哲学家叔本华说过："结婚意味着平分个人权益，承担双份的义务。"（同上书341页。）

我国的后N代们或已成家立业，择偶结婚生子，或正在热恋之中，或准备组建小家庭。不论是已经成家或准备成家的年轻朋友，请认真领悟先哲们的精彩论述和教诲，慎重择偶，才能建立起爱的家庭！

英国哲学家弗朗西斯·培根先生曾经说过："妻子是青年人的情人，中年人的伴侣，老年人的看护。所以一个人只要愿意，任何时候都有理由娶妻。"培根还说过："妻子和儿女对于人类确实是一种训练；……庄重的人因常受风俗传统的引导，所以忠贞不渝，多是情深意重的丈夫；正如古人所说的尤利西斯：'他宁要他年迈的妻子而不愿获得长生。'……而使一个妇人相信她的丈夫是明智的……"（刘永升主编《培根论说文集》第42—43页　大众文艺出版社2009年3月。）

10.2　君子修己

上节论述择偶建立爱的家庭，而择偶亦往往是从交友开始的。人人都希望拥有众多的人脉，即朋友。也都希望交君子为知己，不交小人。首先要研究如何做个君子，不做小人，这是后N代们需认真思考的人生哲理。本章简要论述孔子关于做君子的教诲。

子路问君子。子曰："修己以敬。"

曰："如斯而已乎？"曰："修己以安人。"

曰："如斯而已乎？"曰："修己以安百姓。修己以安百姓，尧、舜其犹病诸？"（《论语·宪问》第165页。）斯：这。病：担心。

子路请教老师怎样才能成为一个君子。孔子说：首先自己要修养，对国君要做到敬重。

子路说：做到敬重国君就可以了吗？孔子进一步解释说说：修养自己，使亲朋好友都能得到安康快乐。

子路说：只要能做到这些就行了吗？孔子更深入地开导说：修养身性，使所有的老百姓都能安乐，古代的尧、舜先帝担心还做不到呢。

孔子教育子路这段对话，大概有三层意思：君子首先要忠于国君，即忠于国家，对国君要敬重；这也是孔子君君臣臣一贯的思想；其次，君子对朋友要修睦友善，讲信用，己欲立而立人，使其安康快乐；第三，更重要的是君子要使百姓安康快乐，做到“使民如承大祭”。以上三条是孔子关于做君子的基本要求。

子曰：“躬自厚而薄责于人，则远怨矣。”（《论语·卫灵公》第171页。）

孔子之意是说：君子要严于责己，自己要多反省，做到“吾日三省吾身”。对朋友切勿过于责备，要做到宽容、包容。说话切记“直而无礼则绞”。我在前文曾经作过论述，不再赘述了。只要做到包容，就会有效地避免朋友的怨恨了。

子曰：“君子以义为质，礼以行之，孙以出之，信以成之。君子哉！”（《论语·卫灵公》第173页。）孙：逊。

孔子教导说：君子做人做事情应以道义为准则，义者宜也，合乎情理为宜、为义，否则为不道不义。如见利忘义还是见德思义？一字之差，意义大相径庭焉。因为“君子喻于义。小人喻于利”。（《论语·里仁》第37页。）

子曰：“君子成人之美，不成人之恶。小人反是。”（《论语·颜渊》第131页。）

君子尽力成全他人之好事，尽心帮助他人，切勿促成别人去做坏事情，或当别人落难之时，不要落井下石。而小人恰恰相反。

子路曰：“君子尚勇乎？”子曰：“君子以义为上，君子有勇而无义为乱，小人有勇而无义为盗。”（《论语·阳货》第198页。）

子路问孔子：君子崇尚勇敢吗？孔子针对子路有勇无谋之个性，指出君子重视义为上，如果只有勇而无义，就会犯上作乱的，“勇而无礼则乱”。一个不识礼不知义者，是不配做君子的。而那些小人不知义，只有勇，就会去做强盗。

子贡曰："君子亦有恶乎？"子曰："有恶：恶乘人之恶者，恶居下流而讪者，恶勇而无礼者，恶果敢而窒者。"

曰："赐也有恶乎？""恶徼以为知者，恶果敢而窒者，恶不孙以为勇者，恶讦以为直者。"（《论语·阳货》第198页。）

讪（shàn）：毁谤。窒：阻塞不通，此指顽固不化。徼（jiǎo）：抄袭。孙：逊。讦（jié）：攻击，揭发他人的短处。

孔子指出：君子赞扬好人，但厌恶那些专宣扬他人短处的人、身居下位却恶意诽谤中伤他人的人、只知勇敢而不知礼仪的人、固执己见顽固不化的人。以上四种人都是君子所厌恶的。

孔子又问子贡：是否也有厌恶的人？子贡回答说：他讨厌抄袭别人却自己玩小聪明的人，厌恶那些毫不谦虚还自以为勇敢的人，厌恶无端揭发他人短处还自以为直率的人。以上三种人都是子贡所厌恶的。

子曰："君子怀德，小人怀土；君子怀刑，小人怀惠。"（《论语·里仁》第35页。）怀：思念。土：乡土。刑：法令制度。惠：恩惠，实惠。

这里孔子分析君子与小人不同之处。真正的君子时时注意道德修养，而那些小人时常思念自己的乡土；君子关心国家大事、法令制度，而小人关注的是自己能得到实惠。

孔子指的"小人"，可能是指那些没有知识文化的基层百姓。这些社会底层的民众所关心的往往是自己的土地庄稼，他们要生存，要养家糊口，势必只关注利益和实惠。这是天经地义的，无可指责的。而那些君子自己读书有文化，家庭殷实，有土地，有雇工佣人，在社会上有一定的地位。所以我们理解孔子对君子与小人之论述时，须分析当时的社会背景。

青年一代要关注国家大事，自觉拥护践行国家法律和各项政策，处处事事注意自己的道德修养。

希望我国的后N代们要遵从伟大孔子之教诲，认真修养自己的品格，积极努力使自己成为中国新一代君子焉。

10.3　君子无忧

司马牛问君子。子曰:“君子不忧不惧。”

曰:“不忧不惧,斯谓之君子已乎?”子曰:“内省不疚,夫何忧何惧?”(《论语·颜渊》第126页。)内省:内心自我反省。不疚(jiù):不惭愧。司马牛:孔子弟子。姓司马,名耕。

司马牛问老师,怎样才能成为君子。孔子开导说:君子要做到不忧愁,不恐惧。司马牛又问:不忧愁,不恐惧,就是君子了吗?孔子接着说:君子胸怀坦荡,不做坏事,问心无愧,所以没有什么忧愁恐惧的。

司马牛为人谨小慎微,无兄无弟,时而感到孤独,时而伤感。但他也想成为君子,故问孔子如何能成为君子。孔子回答学生的提问,都是依据弟子的个性作出解释的。回答子路问仁,孔子说:仁者爱人。他老人家根据不同的对象,实行不同的教育方法,称之为因材施教吧。当今教育界之灌输,死记硬背,实乃摧残青少年之身体健康焉!

君子要做到无忧无惧,也是一件不易之事。大千世界,无奇不有。尤其是当今市场经济竞争异常激烈,企业家无时不在思考如何赢?竞争风忧愁哀伤,只要能广险随处可见,故而忧也;遇到强大的竞争对手,内心或多或少惧也。所以,孔子言君子不忧不惧,他老人家是在开导司马牛,教育他要广泛地团结朋友,一定会四海之内皆兄弟也。

“子之燕居,申申如也,夭夭如也。”燕居:闲暇无事之时。申申:舒展齐整。夭夭:轻松舒畅。

这是记述孔子在家里闲居时,显得轻松自如的心情。这也是君子修养之重要方面。一个人生活应有劳有逸,劳逸适度,养成良好的习惯。

子曰:“知者乐水,仁者乐山。知者动,仁者寿。知者乐,仁者寿。”(《论语·雍也》第62页。)知:智。

这是孔子对智者和仁者个性的分析。智者,聪敏也。聪敏的人喜欢水;仁者,仁德也。仁者喜欢山。智者爱动,仁者爱静。智者心情快乐,仁者健康长寿。

智者何以乐水？这与居住有直接的关系。智者大都居住在湖泊海洋周边，环境迫使他们须习水性，以求得生存。居住水边的人大都会游泳，游泳是一种体育运动。人在水里游泳，全身几乎都处于活动状态，尤其是四肢不停地搏击。水上竞技运动，既拼体力，更比智力。所以，孔子认为，智者乐水乐动，乐水乐动者几乎都在思考如何成功之方略。

仁者与山有关。居住在深山之中的人，由于受到自然条件的限制，尤其是古代，交通不便，出门即是崇山峻岭，全靠步行，自然是很累的。所以，常年居住在深山里的人，基本是很少外出的，不大与社会和他人接触，自然形成一种爱静的性格。所以这些人大都显得仁慈宽厚，心地善良，无有多少烦恼，加上自然环境无污染，整天呼吸新鲜空气，故而长寿健康。

近代社会，资本主义从欧洲兴起。欧人尤其是临近大西洋沿岸的西班牙、葡萄牙、英国及北欧诸小国的居民，由于这些国家资源有限，就积极外出寻找新的世界。最为著名的是麦哲伦航海发现美洲新大陆，随之而起的就是资本主义国家纷纷在世界各地建立殖民地，瓜分世界资源。

智者乐水，必然爱动，动的过程就是思的过程。善于思考的人就比较聪敏，孔子早在25个世纪以前，对居住环境不同的人，就作过如此精准的个性分析，实乃世界上心理学研究之奠基者焉。

中国近代有四大商帮，即晋商、徽商、浙商、潮汕商。其中浙商又以宁波商人为主，潮汕商帮如李嘉诚等一批商人当年远走他乡，发展实业。徽商以“红顶商人”胡雪岩为代表，实际上胡氏后来以浙江为根据地经营丝绸、茶叶、粮食，就连军火他也不放过商机。所以，中国近代四大商帮就有三大商帮居住在江海湖河之周边。这就证实了孔子关于智者乐水之论述的真实性。

10.4 君子周而不比

子曰：“君子周而不比，小人比而不周。”（《论语·为政》第15页。）周：合群，用道义来团结人。比：勾结，结党营私。

孔子之意是说：君子能够与他人团结，不结党营私，不拉帮结派；而小人则往往互相勾结，搞小宗派，做事不顾大局，谋己私利或小团体利益。

任何一个单位，都是一个组织，企业亦是如此。企业领导者要做到“周而不比”，绝不能“比而不周”。尤其是公司的董事长、总经理等高管领袖们，一定要把执行团队团结在自己的周围，并要广泛团结员工。领导班子成员须切记孔子之教诲：做到“周而不比”，这应是组织原则。如有高层人员拉帮结派，制造“山头”，势必会产生危机矣，若不及时纠正，必将使组织涣散，一盘散沙，失去竞争制胜力焉。

俗话说：人心齐，泰山移。大到一个国家，小到一个企业乃至于家庭，都必须具有凝聚力。而凝聚力形成的前提，就是单位的领袖人物要搞“五湖四海”，不要搞小团体、小宗派。拉帮结伙，谋取私利，势必削弱组织的战斗力。

子曰：“君子贞而不谅。”（《论语·卫灵公》第177页。）贞：正，信念的意思。谅：信，信誉的意思。

孔子指出：君子要追求远大的理想和信念，明确“士”不可不弘毅，任重而道远，死而后已。君子以远大理想和目标为重，坚持真理，讲究信誉，就不会考虑个人之私利，亦就不会有“比而不周”之现象发生了。

子曰：“君子上达，小人下达。”（《论语·宪问》第158页。）上：指仁义。下：指财利。

孔子之意是说：君子通达仁义，考虑的是行仁之道；小人追求的是财利。此与“君子喻于义，小人喻于利”意思相近焉。前文已作论述，不再重复了。

孔子曰：“君子有三戒：少之时，血气未定：戒之在色；及其壮也，血气方刚，戒之在斗；及其老也，血气既衰，戒之在得。”（《论语·季氏》第183页。）

孔子告诫君子要注意三件事，即戒色、戒斗、戒得。这里孔子还是讲如何做一个完美的人。人的一生经过青少年、中壮年、老年几个时期，每个时期人的血气不同。血气乃人的精气、神气之所在。中医讲人的精、气、神，都与人的血气有直接关系。所以，孔子提醒君子在不同时期要注意做到戒色、戒斗、戒得，这是人生哲学。

子曰："不在其位，不谋其政。"（《论语·宪问》第159页。）

曾子曰："君子思不出其位。"（《论语·宪问》第159页。）

这是现代管理学界研究的课题。企业是个组织，组织要设置办事职能机构。企业高层思考的是公司战略发展方向、经营目标，这是决策层的工作职责。故而企业高层人员思考的是关乎公司发展前途之大事情，勿要思考中层岗位之事。因为你不在中层岗位，你就不要思考中层岗位之政了。否则就是越俎代庖，中层人员积极性受挫，不利于充分调动他人之积极性，也有可能产生"比而不周"之现象。所以，曾子之言"君子思不出其位"，与孔子之言意思应是一致的。孔子与曾子二位先哲之教诲，对于后N代们将来创业履职有很大的指导作用。

子曰："君子耻其言而过其行。"（《论语·宪问》第159页。）

孔子之意是说：君子切勿说过头话，没做的事情或根本做不到的事情勿要先说出去，否则会失言或失人，是可耻的。应先行其言而后从之，即先做而后再说也不迟的。

10.5 君子交友

子曰："晏平仲善与人交，久而敬之。"（《论语·公冶长》第47页。）晏平仲：姓晏，名婴，字仲。"平"是谥号，齐国大夫。善：擅长，善于。

孔子称赞齐国大夫晏平仲，因为他善于和不同的人交往，以诚恳的态度对待他人，故时间长了，就会受到他人之敬重。

这里可以看出孔子赞扬晏子，是因为他善于和人交往。交友的关键要诚恳待人，五湖四海，"周而不比"，就会"近者悦，远者来"矣。

孔子曰："益者三友，损者三友。友直，友谅，友多闻，益矣。友便辟，友善柔，友便佞，损矣。"（《论语·季氏》第182页。）便辟：（pián bì）：习惯于装模作样，内心并无真诚。善柔：善于谄媚奉承，拍马屁。便佞（nìng）：善于花言巧语。

青年人要多交正直的朋友、诚实的朋友、见多识广的朋友。与这些人交友,是非常有益的。他们能与你患难与共,当你遇到困难之时,他们会鼎力相助的。切勿与虚伪的人、谄媚拍马屁的人、巧舌如簧的人交朋友。这些人是小人,非君子。你有权有势或有钱的时候,他们竭尽吹捧之能事;当你遇到风险或走下坡路的时候,他们或远离于你,有的极可能乘机落井下石。所以,孔子告诫人们交友要十分慎重,不能轻信他人,也不能偏信他人。

曾子曰:"君子以文会友,以友辅仁。"(《论语·颜渊》第135页。)

君子者的文化修养,经常以文会友,在朋友相聚之时,互相交流,作诗饮酒,岂不快乐哉!这样的朋友大都是仁者,仁者爱人、助人也。故君子切勿交小人为友。

子曰:"君子和而不同,小人同而不和。"(《论语·子路》第146页。)

这是孔子教导君子识别人的方法。君子能做到和他人和睦相处,但绝不会和小人同流合污;而一些小人则看风使舵,盲目附和,却不能和君子和睦相处。

子曰:"道不同,不相为谋。"

这里孔子强调对那些观点、思想、主张、道路目标不同的人,就不要和他们交流共事了。

子曰:"群居终日,言不及义,好行小慧,难矣哉!"(《论语·卫灵公》第170页。)

这是孔子给某些人画像;这些人整天聚集在一起胡编乱造,从不谈论仁义道德,装腔作势,卖弄小聪明,似乎什么都懂。这种人是很难有作为的。

子曰:"君子易事而难说也。说之不以道,不说也;及其使人也,器也。小人难事而易说也。说之虽不以道,说也;及其使人也,求备也。"(《论语·子路》第147页。)说:悦。器之:量才使用。求备:求全责备。

这里孔子讲做人难,做事亦难。在君子手下做事容易,你只要认认真真把事情做对了，君子就会喜欢的；你若讨好他却是很难的。因为君子不喜欢人拍马屁的，故而在君子那里做事容易，做人难。应当说为君子做事容易，做个正直的人也容易。在小人手下做事难，大概因为凡是小人都喜欢手下请送行贿，即使你把事情做得很好，可能因为你没有给他送茅台酒，干肉等，他定会百般挑剔的。所以。孔子分析君子与小人人格之不同，一语切中焉。

交友不难，但交知己知心朋友，是很难做到的。有的人和你交友，目的是想得到你的支持，甚至为了骗取你的家产；有的和你交友是骗取你的信任，达到往上爬的目的；有的是为了骗色。所以，对任何人要“视其所以，观其所由，察其所安。人焉廋哉？人焉廋哉”！（《论语·为政》第14页。）

青年人交友，你对朋友真心实意，可得不到朋友的信任，有时还遭到误解。在《论语》开篇第一章，子曰：“学而时习之，不亦说（yuè）乎！有朋自远方来，不亦乐乎！人不知而不愠，不亦君子乎！”（《论语·学而》第1页。）

孔子是在教诲弟子如何做人，当别人不知你不理解你的时候，我也不愠（yùn），不恼怒，不怨恨。这是很难做到的，这是一个人的修养所决定的。这种情况可以说经常会发生，尤其是企业领导人被员工误解怨恨，几乎时而出现。

在家庭里也常会产生多种误解和矛盾。父子之间、夫妻之间经常会遇到“人不知”的事情，这就要双方理解、谅解、包容“而不愠”了。尤其是夫妻之间因为一些小事、琐事，互相之间产生误解，这时就需要对方是位弥勒佛，大度为怀，能容天下之事，才能化解矛盾，保持家庭和谐。

10.6 君子以直报怨

或曰：“以德报怨，何如？”子曰：“何以报德？以直报怨，以德报德。”（《论语·宪问》第161页。）

直：意为不弯曲，直线，直立；亦可理解为公正合理，是非曲直，理直气壮；把弯曲的伸展开，把不合理不公正的事情设法变为公正，符合民之心意。

前文讲到交友要交有益之友，勿交三损朋友；对朋友或家人要宽容包容，即使别人对你误解了，也不愠，这是指对那些真朋友而言的。而对那些居心叵测的小人，就不能轻易相信他们；对敌人的造谣、诬陷、破坏，只能以直报怨。这是儒家和佛家的根本区别。

释迦摩尼曾经说："以恨对恨，恨永远存在；以爱对恨，恨自然消失。"（星汉编著《世界上最经典的哲学故事》第442页。）

世界上两位先哲对待同一问题认识的态度是完全相反的。吾认为我们应以儒家孔子之教诲，以直报怨，不能以德对恨。孔子认为如果以德报怨的话，对你有恩德何以报答呢？只能用正直、正义来对待那些不义之徒。这是个大是大非的问题，对待奸佞小人或敌视的势力，绝不能不讲原则，不分是非谬误，一味地迁就退让，其结果只能助长坏人更加嚣张。

何为德？"德者，恩惠之德也。……【唐以前古注】皇疏：所以不以德报怨者，则天下皆行怨以要德报之，如此者是取怨之道也。【集注】：言于其所怨即以德报之矣，则人之有德于我者又将何以报之乎？（程树德撰《论语集释》第1047页　中华书局2008年2月。）

现今世界不太平，以美国为首的世界新老帝国主义者们不断地制造事端，从上世纪发动科索沃战争到2003年出兵伊拉克，到2010年侵略利比亚，狂轰滥炸，无数无辜平民百姓死于战火。

我国是一个大国，可是以美国为首的新老帝国主义者们亡我之心不死，他们处心积虑地打着所谓"人权"的幌子干涉我国内政；就连菲律宾、越南这些小国家也企图对我国南海主权进行挑衅。对这些敌对势力，难道能以德去感化他们吗？我在绪论文稿中把近百来帝国主义国家侵略我国的历史作了论述，这里就不再重复了。

本章小结

本章围绕君子交友，共分 5 节论述。第 1 节论述建立爱的家庭；第 2 节论述君子交友；第 3 节论述君子求诸己，正心修身；第 4 节论述君子要善于团结民众员工，做到“周而不比”；第 5 节论述儒家以直报怨。

吾辈真诚希望我国的后 N 代们遵从儒家先哲之教诲，深刻理解孔子思想之哲理，在交友的过程中，分清是非曲直，善于交结有益之友，充分利用一切智慧资源，为自己的事业不断创新。

信守勤
义正勇
仁厚毅
智德忠

11 子绝四

11.1 子绝四

“子绝四:毋意,毋必、毋固、毋我。”(《论语·子罕》第88页。)

毋:无。意:亿。毋意:不亿。意:私意也。我:私己也。必:期必也。毋必:不信。毋意毋必:不亿不信也。……不亿不信,是谓毋意。言必信,信必果……疾固也,是谓毋固。(程树德撰《论语集释》第574页。)

孔子倡导“子绝四”,目的应是教导人们认识问题不要存在四种毛病,即不要凭空胡乱猜测,不添加个人之私意,尊重事物的客观性;对事物切勿随意肯定或否定,对不明白的问题要做到“疑思问”,切勿轻易下结论;与大家讨论问题要虚心听取中允之意见,切勿固执己见,不把自己之意见强加于人;处处谦虚谨慎,不唯我独尊,既有我,也无我。

孔子短短四句八字,寓意非常之深刻。它既是唯物论的认识论,也是辩证唯物主义的方法论,是我们事业创新的重要的指导思想和理论基础。

孔子之“子绝四”,对一个国家或一个企业来说,都是非常之重要的。尤其是我国这样一个人口世界第一的大国,闭关锁国几千年。新中国诞生刚刚60多年,在社会主义经济发展过程中,还几经波折。“文化大革命”10年,倒退几十年。真正的现代化建设是从1978年开始的。英明的邓小平先生积极倡导实践是检验真理的唯一标准,从思想上破除迷信,用创新的思维指导党和国家拨乱反正,实际上就是伟大孔子哲学思想的继承、发扬和创新。江泽民先生指出:创新是中华民族进步的不竭动力和源泉。

据世界相关媒体报道:当今世界各国都非常重视战略新兴产业的发展。美国奥巴马政府决定,在今后10年内,将投入1500亿美元重点发展新能源、新材料、生物工程、宽带信息和航空航天产业的领先地位；欧盟计划在2013年投入1050亿欧元积极开发绿色经济；日本计划在2020年创造100万亿日元新兴产业。

中国政府从上世纪90年代开始，就积极研究规划新兴产业的发展，制定了7个方面的计划，主要是大力发展信息技术，生物技术，高端装备制造技术，新能源技术，新材料及新能源汽车技术等。到了21世纪头10年，我国的高新技术产业又得到国家的大力扶持。我在第一章里对新中国的发展作了论述，在此就不多言了。

我国政府和广大企业领导精英们，坚持"与时俱进"，把握"与时消息"，通过创新，使我国真正自立于世界民族之林！

11.2 思维与创新

什么是思维？孔子曰："君子有九思：视思明，听思聪，色思温，貌思恭，言思忠，事思敬，疑思问，忿思难，见得思义。"(《论语·季氏》第184页。)

所谓思就是思考问题。孔子指出君子要做到"九思"，这是孔子哲学思想的重要组成部分。"思"的过程即是人的大脑不断活动的思维过程。

首都外经贸大学徐斌教授说："思维是人们接受信息、储存信息、加工信息以及输出信息的活动过程，而且概括反映客观现实的过程，这是思维本质的信息论观点。"(徐斌编著《创新头脑风暴》第3页　人民邮电出版社2010年5月。)

孟子曰："耳目之官不思，而蔽于物。物交物，则引之而已矣。心之官则思，思则得之，不思则不得也。此天之所与我者。先立乎其大者，则其小者不能夺也。……"(杨伯峻译注《孟子·告子章句上》第270页　中华书局2008年3月。)

孟子指出：人的眼睛耳朵这两个器官不会思考，容易被外物所蒙蔽。而心这个重要的器官作用就全在于思考。只要善于思考就能成功，就会得着；不去思考就得不着。心这个特殊的器官是老天爷特意给人类的，因此，要把心这个器官好好树立起来，不要让它被别人夺走了，其他器官就会随之起作用了。

美国著名企业家艾柯卡先生说过:“不创新,就死亡。”人类上百万年、几十万年的生存、发展,就是在不断的创新变革过程中,进化而成现代人类社会。世界上有些物种灭亡了,有些则生存繁衍,尤其是从猿到人的演变,历经风雨磨难,人类在与大自然抗争中,逐渐学会运用人类的思维器官,其中最重要的是心这个特殊的器官,积累了知识,并把积累的知识运用到征服自然,改造社会,发展生产力上来,从而赢得了成功。

有个故事:有一天苏格拉底拿了一个苹果来到学生中间,他开始让学生们闻苹果是什么味道。第一个学生闻后说:苹果味是香的,第二个学生闻后也说苹果有香味。当他让第三个学生闻后,那个学生则说:苹果什么味道也没有。苏格拉底这时说:我这只苹果是假的,他把苹果传给学生们看,大家才知道这个苹果是用蜡做成的,外形逼真,而内在的质与真苹果截然不同。那个闻后说没有味道的人,就是柏拉图。

哲学要求人们爱智慧,强调凡事须用心去想,去分析判断,切勿只凭耳目去下结论。思考是人类区别于其他动物的根本所在。柏拉图闻苹果后,敢于怀疑,大胆思考,不人云亦云,终于成为继他的老师——苏格拉底之后一位伟大的哲学家。

法国哲学家帕斯卡说:“人的全部尊严在于思考。”(星汉编著《世界上最经典的哲学故事》第 14 页。)

另一位法国学者狄德罗曾说过:“只承认自己的感觉,是唯心主义形而上学的原则。”(同上书第 15 页。)

苏格拉底另一位学生亚里士多德说过:“人生最重要的价值在于觉醒和思考的能力,而不只在生存。”(同上书　第 21 页。)

德国哲学家莱布尼兹是一位伟大的天才,他善于思考,几乎研究了人类所有的知识领域。如力学化学、解剖学、动物学、植物学、气体学、地质学、地理学、航海学、语言学、历史学、法学、哲学、逻辑学等等科学。其中最重要的是他发明了数学领域里的微积分,使得近代数学发生了革命性的变化。他还是欧洲最早研究中国文化和中国哲学的西方学者。像这样一位杰出的天才受到世人的尊敬。

莱布尼兹说:“天地间没有两个彼此完全相同的东西。”(星汉编著《世界上组经典的哲学故事》第30页。)不论是人类或是自然界的事物均是如此。这个科学结论只有仔细观察、认真思考的人,才能作出如此精准的判断。

我国古代的老子是一位神秘的哲人,道家学派的创始人,他被武则天女皇封为“太上老君”。老子认为:世间事物“有无相生,难以相成”。“反者道之动,弱者道之用。”孔子曾经专程去洛阳问礼于老子。老子认为世界万物都在变化的,诸如长短、高下、美丑、有无、祸福、刚柔、损益、强弱、生死、大小、智愚、胜败、巧拙、轻重、前后、进退、攻守、荣辱等等现象,都是事物矛盾的对立统一,都是不断变化发展的。

古今中外诸多先哲不仅是贤者仁者,还都是智者。他们严谨的思维方式和科学精神,是永远值得我国后N代们效法的。我们要运用自己的大脑,变中国制造为中国智造。

11.3 制造与智造

中国是世界制造大国,这是众人皆知的不争的事实。但是,我国制造的产品技术含量急需提高,下工夫由制造变为智造,依靠中国人的智慧,智造出世界尖端产品。

中国历史上的“四大发明”为世界人类作出了巨大的贡献,受到世界高度的评价。新中国成立之后的60多年来,我国科学技术有了长足的发展,某些领域已接近或超过世界先进水平,如袁隆平的水稻科研团队经过多年的精心研究,培育出亩产1800多斤的高产水稻,这是我国农业科技专家为近14亿人的吃饭和国家粮食安全,作出的巨大贡献!

如何变制造为智造?国内中央高层领导人和诸多专家学者及企业家们对此都有精彩的论述,这是人心所向啊。凡是国内国际科学技术展览会,中国都有大批人士前往参观学习,取他国之长,补己之短。

这里依据自己多年创办实业之经过，结合习读孔子《论语》之感悟，谈以下认识和体会。

子曰："君子无所争，必也射乎！揖让而升，下而饮。其争也君子。"（《论语·八佾》第22页。）

中国人大都多想做愿做个仁者，仁者是君子。君子对于个人之名利一般不争，不争也争，关乎民族国家之利益一定要争，而且要下决心去争。这种争也是君子之品格。所以，中国人做产品首先要想到做成名牌，做出品牌，在市场上有竞争力。这是变制造为智造的前提，思想前提，理念前提，竞争制胜前提，这就是人们常说的民族品牌思想意识。

品牌意识首先是企业家的心理状态，企业家必须具有这种心理状态。君子不争，但参加射箭就是争，就是想取胜。这里的"争"就是参加射箭者的心理状态，他一开始就抱着竞争必胜的心理状态，没有一个人参加比赛不想获得胜利的。所以竞争取胜的心理状态是成功的必要条件。

一个人参加竞争取胜的心理状态是复合的，复杂的。所以，我们在研究参赛者心理状态时，须从多方面、多因素（多元素）去考虑，仔细分析有利条件和不利条件，积极化解不利因素，变不利为有利。尤其是做产品，要逐步变制造为智造，把产品的多种元素综合起来，有机组合起来，变成新的元素思想。这样，就可以把制造产品变为智造品牌。

奥地利哲学家维特根斯坦指出："思想包含着它所思维的事态的可能性。可以思维的东西，也是可能的。"（韩林合著《逻辑哲学论研究》第93页　商务印书馆2007年8月。）

这里，维特根斯坦所说的思想与思维的关系，思想包含思维，思想可能比较广泛，而思维可能比较专一。所以，要充分运用哲学思维，使思维的东西变为可能的东西，综合产品多种元素，切磋琢磨，变制造为智造，创优秀品牌，提高竞争力。

子贡曰："《诗》云：'如切如磋，如琢如磨。'其斯之谓与？……"（《论语·学而》第8页。）

子贡所言切磋琢磨，应是个比喻。当时是指人的思想修养，要像加工骨器玉器一样，认真切磋琢磨，做到“吾日三省吾身，为人谋而不忠乎？与朋友交而不信乎？传不习乎？”（《论语·学而》第3页。）引申为加工玉器，先用工具切开玉石，再进行琢磨雕刻。最后加工成美丽的玉器。

加工玉器就是做产品，切磋琢磨的过程，实际上是工匠的大脑思维在指挥他的各种动作，从而做到一丝不苟，精益求精。经过工匠加工的玉器可谓形态各异，价值连城，它满足了某些人们对玉器的需求和美的享受。思维敏捷的工匠经过自己的智慧的双手，把普普通通的玉石加工成各种精美的玉器饰品，这亦是变制造为智造。

11.4 我毋固

孔子教导弟子们要做到“毋意，毋必，毋固，毋我”，就是要人们切勿固执己见，敢于否定自我，否定自己不适时宜之观念和思想理论，不断创新，才能实现“苟日新，日日新，又日新”。（《四书·大学》）

人类要学会认识自己，认识别人容易些，而认识自我就很难了。古希腊的泰勒斯是西方世界的第一位哲学家。他早于我国孔子100多年，公元前665年有人问泰勒斯：什么是最困难的事情？他回答说：认识你自己。又问：什么是最容易的事情？他回答：给别人提意见。

18世纪德国哲学家尼采说过：“聪明的人只要认识你自己，便什么也不会失去。”（星汉编著《世界上最经典的哲学故事》第103页。）

能认识自己的人是聪明的人。聪明的人既会千方百计巩固过去获得的成功，亦能把握发展机遇，展望未来。所以，世界上凡是聪明的人是什么也不会失去的。如股神巴菲特，是世界公认的股市投资成功大师，他应是聪明人之楷模和典范。

伟大孔子的“子绝四”，就是要人们认识自己，切勿随意猜测，更勿固执己见，唯我独尊。要不断探索，不断求变求新。即使你在事业上有了辉煌，仍应当牢记先贤之教诲，敢于否定自我，扬弃一切不好的东西，年年用新桃换旧符。

本章小结

本章共4节。第一节论述“子绝四”;第2节论述思维与创新;第3节论述制造与智造;第4节论述我毋固。本章主要论述运用孔子等先哲们的哲学思想,不断求变求新,变制造为智造,使我国的品牌逐步走向世界,使中华民族腾飞于世界!

参考文献

1. 程昌明译注《论语》山西人民出版社 2001 年 6 月。

2 南怀瑾著《论语别裁》复旦大学出版社 2008 年 5 月。

3. 程树德撰《论语集释》中华书局 2008 年 2 月。

5. 孔健编著《新论语》中国工人出版社 2009 年 1 月。

6. 李泽厚著《论语今读》生活 · 读书 · 新知三联书店 2007 年 4 月。

7. 安德义著《论语解读》中华书局 2007 年 7 月。

8. 方尔加著《儒家思想讲演录》东方出版社 2008 年 2 月。

9. 王国轩　张国婴　兰旭　方丽华　译《四书》中华书局 2007 年 1 月。

10. 韩非原著　司马哲编著《韩非子》中国长安出版社 2009 年 6 月。

11. 杨伯峻译《孟子译注》中华书局 2008 年 3 月。

12. 梁启超　郭沫若　著　廖名春选编《荀子二十讲》华夏出版社 2009 年 3 月。

13. 杰克 · 韦尔奇　苏西 · 韦尔奇著《赢》中信出版社 2007 年 9 月。

14. 劳思光著《新编中国哲学史》广西师范大学出版社 2007 年 6 月。

15. 刘永升《培根论说文集》大众文艺出版社 2009 年 3 月。

16. 冯友兰著《中国哲学史》华东师范大学出版社 2006 年 12 月。

17. 罗素著(英国)《西方哲学史》商务印书馆 2006 年 4 月。

18. 施杜里希著　吕叔君译《世界哲学史》山东画报出版社 2007 年 7 月。

19. 星汉编著《世界上最经典的哲学故事》中国华侨出版社 2011 年

6月。

20. 柏杨著《中国人史纲》山西人民出版社2009年7月。

21. 翦伯赞编著《中国史纲要》北京大学出版社2009年2月。

22. 马玉琴等主编《二十五史》延边人民出版社2001年11月。

23. 冯契主编《哲学大词典》商务印书馆2008年7月。

24. 程孟辉总监制《新华大字典》商务印书馆2011年8月。

25. 任法融著《道德经释义》东方出版社2009年12月。

26. 克里尔主编《哈佛名人教程》内蒙古人民出版社

27. 涩泽荣一编著　王中江译《论语与算盘》江西人民出版社2007年1月。

28. 拙著《论语与商道》江西人民出版社2010年6月。

29. 拙著《论语与制胜力》江西人民出版社2011年6月。

勤勇毅忠 守正厚德 信义仁智

后记

我于2010、2011年先后完成《〈论语〉与商道》、《〈论语〉与制胜力》两本小书之后，今年春节后又开始写《〈论语〉与后N代》。在写作这三本小册子过程中，从选题开始，就得到北京大学哲学系教授、博士生导师魏常海老师的多次热情指导，魏教授在参加国家重大科研课题编写过程中，抽出宝贵的时间为我的首本书写前言。第二、三两本书的选题亦得到魏教授的指导和肯定，在此，对魏教授的指导表示由衷的感谢！

我在调查当代青年对20个问题回答的过程中，我的大孙女倪芳珺、大外孙张睿新、浩淼公司青年学子黄志安、龚娟、季秋菊、陈凯凯、屈朝峰、杨硕、曾宪松、吴高利等40多位大学生们积极动员同学、同事认真填写问卷，对我的写作帮助很大。对他们的辛勤劳动表示崇高的敬意！

明光浩淼消防科技公司的秦祥电脑网络工程师为我的几本书稿查找下载诸多资料，并帮助整理文稿，编页码；浩淼公司人力资源科的陈凯凯同志利用休息时间亲自为第三本书稿下载相关图片资料；浩淼公司市场部的何君霞小姐多次帮助整理打印文稿。尤其是浩淼公司国际贸易部的杨微雨小姐为文稿摘要翻译成英文。对上述几位同志的热情相助，致以深深的谢意！

由于本人已年逾古稀，知识陈旧，观点定有诸多悖论，加上今年4月份车祸，卧床近一个月，思绪打断，书稿中错误难免矣。敬望研究孔子《论语》的专家学者和广大读者朋友们给予批评指正，本人定虚心诚恳接受之。

《论语》是中国儒学第一书，字字金玉良言，我将继续“学而时习之，不亦说乎”！

倪世和

2012年5月18日